Bernd Neubert (Hg.), Laura Giesbrecht, Maria Kircher,
Svenja Möbs, Janine Elisabeth Neckenich

Kombinatorik

Aufgabenbeispiele und Impulse für die Grundschule

Quellenverzeichnis

Umschlagfoto: tiff.any GmbH Berlin/Martin Adam; **Seite 38:** Abbildungen aus © Denken und Rechnen, Allgemeine Ausgabe 2017, Schülerband 1. Braunschweig: Westermann Gruppe; **Seite 42:** Wege auf dem Wegeplan, Mathetiger 2, Offenburg: Mildenberger Verlag 2016; **Seiten 76–80 und Seite 82:** Takte aus dem Lied „Wie klingt deine Melodie?“, Musical „Der Notenbaum“, Musik: Wolfram Eicke, Dieter Faber, Text: Wolfram Eicke © Bosworth Music GmbH, Berlin. Used by permission of Hal Leonard Europe Limited; **Seite 91:** Abbildung Tippkarte © Ministerium für Schule und Bildung des Landes Nordrhein-Westfalen.

Sollte es einmal nicht gelungen sein, den korrekten Rechteinhaber ausfindig zu machen, so werden berechtigte Ansprüche selbstverständlich im Rahmen der üblichen Regelungen abgegolten.

Bibliografische Information der Deutschen Bibliothek

Die Deutsche Bibliothek verzeichnet diese Publikation in der Deutschen Nationalbibliografie; detaillierte bibliografische Daten sind im Internet über http://dnb.ddb.de abrufbar.

Bestell-Nr. 140-42, ISBN 978-3-619-01442-2

www.mildenberger-verlag.de
E-Mail: info@mildenberger-verlag.de

Auflage 5 4 3 2
Jahr 2027 2026 2025 2024

Bezugsmöglichkeiten
Alle Titel des Mildenberger Verlags erhalten Sie unter: www.mildenberger-verlag.de oder im Buchhandel. Jede Buchhandlung kann alle Titel direkt über den Mildenberger Verlag beziehen. Ausnahmen kann es bei Titeln mit Lösungen geben: Hinweise hierzu finden Sie in unserem aktuellen Gesamtprogramm.

Redaktion: Sebastian Tonner
Satz: Satzpunkt Ursula Ewert GmbH, Bayreuth
Druck: Salzland Druck GmbH & Co. KG, 39418 Staßfurt
Gedruckt auf umweltfreundlichen Papieren

Liebe Leserinnen und Leser,

Was haben das Knacken eines Zahlenschlosses, das Zusammenstellen von Drei-Gänge-Menüs und das Komponieren von Melodien gemeinsam? Es handelt sich um Sachverhalte, die sich für kombinatorische Aufgaben in der Grundschule eignen. Gerade solche Anlässe fordern Grundschüler zu kombinatorischen Überlegungen heraus und bieten ihnen ein anderes Bild der Mathematik als die Arithmetik oder die Geometrie.

Bei nicht wenigen Oberstufenschülern gehört die Kombinatorik zu den eher weniger beliebten Inhalten des Mathematikunterrichts. Diese Erfahrung konnte ich auch bei einem Teil der Lehramtsstudierenden in meinen Fachveranstaltungen an der Justus-Liebig-Universität Gießen beobachten. Eine Ursache für die Abneigung mag darin bestehen, dass der Blick vor allem auf die kombinatorischen Grundfiguren und deren anschließende Anwendung in Übungsaufgaben gerichtet war. Es ging dabei vor allem um das Erkennen des richtigen Aufgabentyps und das Bestimmen der Lösung mithilfe von Formeln, weniger um inhaltliches Verständnis.

Die Kombinatorik wird auch als Kunst des geschickten Abzählens bezeichnet und ist durch zwei Aufgabenstellungen gekennzeichnet:

1. Der Frage danach, welche Möglichkeiten es gibt, Elemente einer endlichen Menge nach bestimmten Bedingungen auszuwählen oder anzuordnen.
2. Der Frage danach, wie viele Möglichkeiten es dafür insgesamt gibt.

Für die Lösung der beiden Aufgabenstellungen sind nur einfache mathematische Überlegungen notwendig, in der Grundschule in kleinen Zahlenräumen.

In den KMK-Bildungsstandards werden kombinatorische Aufgaben unter der Leitidee „Zahlen und Operationen" eingeordnet. Danach sollen Grundschülerinnen und Grundschüler folgende Kompetenz erwerben: „Einfache kombinatorische Aufgaben (z. B. Knobelaufgaben) durch Probieren bzw. systematisches Vorgehen lösen" (2005, S. 9). Das Lösen kombinatorischer Aufgaben trägt gleichzeitig zur Entwicklung allgemeiner mathematischer Kompetenzen bei – wie Darstellen, Problemlösen, Argumentieren und Kommunizieren.

Viele Grundschullehrerinnen und -lehrer berichten darüber, wie motivierend kombinatorische Aufgaben auf ihre Schüler wirken und wie kreativ sie beim selbstständigen Finden von Lösungsstrategien vorgehen. Ich erhielt in den letzten Jahren zahlreiche Anfragen, besonders von Lehrerinnen und Lehrern im Vorbereitungsdienst, die sich in ihrer pädagogischen Facharbeit oder Prüfungsstunde dem Thema Kombinatorik stellten. Unter ihnen waren auch einige, die während des Studiums noch ein distanziertes Verhältnis zur Kombinatorik hatten. Häufig wurde ein fehlendes Gesamtwerk zur Kombinatorik für Grundschullehrerinnen und -lehrer angesprochen. Diese Lücke möchte das vorliegende Buch schließen. Es gibt eine Einführung in die komplexe Thematik sowohl aus mathematischer als auch didaktisch-methodischer Sicht und bietet ein Repertoire an Beispielen und Anregungen, die direkt im Unterricht genutzt werden können. Zum Teil wurden die Ideen schon in Einzelaufsätzen veröffentlicht. Sie werden nun in den didaktisch-methodischen Kapiteln des Buches in größere Zusammenhänge eingeordnet.

Das Buch gliedert sich in zwei Teile:

Teil I
Im Kapitel 1 wird der mathematische Hintergrund beleuchtet. Dieser ist so aufbereitet, wie es zum Verständnis der Thematik und zum Unterricht in der Grundschule notwendig ist. Kapitel 2 und 3 sind didaktisch-methodisch ausgerichtet, enthalten viele Aufgabenbeispiele und bieten unterschiedliche Zugänge zur Kombinatorik: Kapitel 2 knüpft an die in Kapitel 1 dargestellte mathematische Struktur an. Kapitel 3 orientiert sich stärker an didaktisch-methodischen Aspekten.

Teil II
In den Kapiteln 4 bis 7 berichten vier Lehrerinnen ausführlich über ihre konkreten Erfahrungen zu speziellen kombinatorischen Fragestellungen. Maria Kircher berichtet über eine Untersuchung zu Strategien und Darstellungsweisen bei Grundschülerinnen und -schülern, Janine Elisabeth Neckenich stellt eine Idee zur fächerübergreifenden Auseinandersetzung von Musik mit kombinatorischen Aufgabenstellungen vor, Laura Giesbrecht betrachtet den Einsatz von Pentominos als Brücke zwischen Geometrie und Kombinatorik und Svenja Möbs zeigt, wie man mit „Strummi-Tierchen“ eine kombinatorische Aufgabenstellung in allen vier Schuljahren einsetzen kann.

Das Buch möchte vor allem Lehrerinnen und Lehrern in der Schulpraxis eine fachliche und didaktisch-methodische Grundlage zum Thema Kombinatorik bieten, kann aber ebenso in beiden Phasen der Lehrerausbildung gewinnbringend genutzt werden. Vielfältige Ideen, Materialien und Erfahrungen aus Lehrveranstaltungen und wissenschaftlichen Hausarbeiten an der Justus-Liebig-Universität Gießen sowie aus pädagogischen Facharbeiten verschiedener Studienseminare sind darin eingeflossen.

Mein besonderer Dank gilt neben meinen Mitautorinnen den ehemaligen Studentinnen Birgit Behle, Swenja Beul, Annette Blackert, Aniela Magdanz, Melanie Junk, Melanie Jung, Corinna Regner, Kathrin Bender, Melanie Seib, Christine Petereit, Diana Gräb, Annekatrin Braun, Mareen Krämer, Carolin Pfeil, Elisabeth Breiter, Magdalena Werner, Katherina Koch, Carolin Baumann, Anna-Lena Fink und Alena Alexandrowitsch. Ohne deren Anregungen wäre das Buch wohl nicht entstanden.

Mein besonderer Dank geht auch an Herrn Sebastian Tonner für die redaktionelle Begleitung bei der Entstehung des Buchs.

Gießen, im September 2019

Bernd Neubert

Bernd Neubert

Was ist Kombinatorik? – Mathematischer Hintergrund

Die Kombinatorik, auch als Kunst des geschickten Abzählens bezeichnet, ist ein Teilgebiet der Mathematik, dessen Inhalt sich von dem anderer mathematischer Disziplinen, zum Beispiel der Zahlentheorie, Geometrie oder Wahrscheinlichkeitsrechnung nur schwer abgrenzen lässt. Man kann Kombinatorik als Theorie endlicher Mengen auffassen, denn zu ihr gehören alle interessanten Fragestellungen über endliche Mengen. Die Kombinatorik beschäftigt sich mit Problemen der Anordnung oder der Auswahl von bestimmten Objekten aus verschiedenen Bereichen der Wirklichkeit oder unseres Denkens.

Die mathematische Zielstellung der Kombinatorik ist durch zwei Aufgabenstellungen gekennzeichnet:

1. Es ist festzustellen, welche Möglichkeiten es gibt, Elemente einer endlichen Menge nach bestimmten Bedingungen auszuwählen oder anzuordnen.
2. Es ist festzustellen, wie viele Möglichkeiten es dafür insgesamt gibt.

Aus den Zielstellungen ergeben sich zwei Fragen, die auch für das Lösen von kombinatorischen Aufgaben in der Grundschule relevant sind:

1. Welche Möglichkeiten gibt es?
2. Wie viele Möglichkeiten gibt es?

Anzahlbestimmungen sind auch häufig Bestandteil des Lösens von Wahrscheinlichkeitsaufgaben (Anwendung der Laplace-Formel). Freudenthal bezeichnete deshalb die Kombinatorik als Rückgrat elementarer Wahrscheinlichkeitsrechnung (1973, S. 540). Anwendungen in der Zeit der Anfänge der Kombinatorik waren wie bei der Wahrscheinlichkeitsrechnung vor allem Anzahlbestimmungen im Zusammenhang mit Glücksspielen. Dadurch beschäftigten sich Mitte des 17. Jahrhunderts auch bedeutende Mathematiker wie Pierre de Fermat (1601–1665) und Blaise Pascal (1623–1662) mit diesen Fragestellungen.

Ein berühmtes historisches Beispiel, das durch einfache kombinatorische Überlegungen geklärt werden kann, ist das Drei-Würfel-Problem (vgl. Kütting/Sauer 2011, S. 76 ff.). Der als Spieler bekannte Chevalier de Méré (1607–1684) nahm an, dass beim Werfen dreier symmetrischer Spielwürfel die Chance für das Auftreten der Augensummen 11 und 12 gleichgroß ist. Er beobachtete aber, dass die Augensumme 11 häufiger fiel als die Augensumme 12.

Der Widerspruch bzw. der Denkfehler des Chevalier de Méré lässt sich durch Betrachten der möglichen Zerlegungen der beiden Augensummen klären. Auf den ersten Blick scheint es gleich viele Zerlegungen (jeweils 6) zu geben.

Augensumme 11	Augensumme 12
6 – 4 – 1	6 – 5 – 1
6 – 3 – 2	6 – 4 – 2
5 – 5 – 1	6 – 3 – 3
5 – 4 – 2	5 – 4 – 3
5 – 3 – 3	5 – 5 – 2
4 – 4 – 3	4 – 4 – 4

Allerdings gibt es unterschiedliche Möglichkeiten, die Zahlentripel der Zerlegungen zu realisieren, je nachdem, ob alle Augenzahlen verschieden sind oder gleiche Zahlen in einem gewürfelten Tripel vorkommen.
Am besten macht man sich das an drei Würfeln mit unterschiedlichen Farben klar.

Für Zerlegungen aus drei verschiedenen Summanden wie 6 – 4 – 1 gibt es sechs Möglichkeiten.

rot	blau	grün
6	4	1
6	1	4
4	6	1
4	1	6
1	6	4
1	4	6

Bei der Zerlegung mit zwei gleichen Summanden wie 5 – 5 – 1 gibt es drei Möglichkeiten.

rot	blau	grün
5	5	1
5	1	5
1	5	5

Bei der Zerlegung aus den drei gleichen Summanden 4 – 4 – 4 gibt es nur eine Möglichkeit.

rot	blau	grün
4	4	4

In der Tabelle sind alle Möglichkeiten für beide Augensummen unter Berücksichtigung verschiedener Anordnungen zusammengestellt.

Augensumme 11		Augensumme 12	
6 – 4 – 1	6	6 – 5 – 1	6
6 – 3 – 2	6	6 – 4 – 2	6
5 – 5 – 1	3	6 – 3 – 3	3
5 – 4 – 2	6	5 – 4 – 3	6
5 – 3 – 3	3	5 – 5 – 2	3
4 – 4 – 3	3	4 – 4 – 4	1

Danach gibt es 27 Möglichkeiten für die Augensumme 11 und 25 Möglichkeiten für die Augensumme 12, was die Beobachtung von Chevalier de Méré theoretisch durch kombinatorische Überlegungen begründet.

Im Folgenden wird nun der Frage nachgegangen, auf welche Weise die Bestimmung von Anzahlen (Kardinalaspekt natürlicher Zahlen) erfolgen kann. Der einfachste (auch mit Mitteln der Grundschulmathematik anzuwendende) Weg der Anzahlbestimmung ist Abzählen. Dieser Weg ist prinzipiell für die Lösung aller kombinatorischen Aufgaben möglich, für komplexere Aufgaben wie der Ermittlung aller möglichen Ziehungsergebnisse beim Lotto 6 aus 49 aber praktisch nicht zu realisieren.
In den folgenden Abschnitten werden deshalb Strategien bzw. Berechnungsmöglichkeiten, die als Hintergrundwissen für die Grundschule anzusehen sind, vorgestellt.

Produktregel – Allgemeines Zählprinzip

Ein geschicktes Zählprinzip und zugleich eine prinzipielle Lösungsmöglichkeit für kombinatorische Aufgabenstellungen ist das Allgemeine Zählprinzip, das häufig im Zusammenhang mit der Nutzung eines Baumdiagramms betrachtet wird.
Dabei geht man in verschiedenen Stufen vor und stellt auf jeder Stufe die Frage: Wie viele Entscheidungsmöglichkeiten habe ich?

> **Beispiel:**
> Wie viele verschiedene Möglichkeiten gibt es, sich ein Menü aus Suppe, Hauptgericht und Dessert zusammenzustellen, wenn es im Angebot 2 Suppen, 3 Hauptgerichte und 2 Desserts gibt?

Die erste Entscheidung wird für die Suppe getroffen. Hier gibt es $n_1 = 2$ Möglichkeiten. Für die zweite Entscheidung, die für das Hauptgericht, gibt es $n_2 = 3$ Möglichkeiten. Da diese 3 Hauptgerichte mit jeder der 2 Suppen kombiniert werden können, ergeben sich 6 verschiedene Möglichkeiten für verschiedenartige Zusammenstellungen aus Suppe und Hauptgericht. Bei der dritten Entscheidung, der für das Dessert, gibt es $n_3 = 2$ Möglichkeiten.

Um ein Menü zusammenzustellen, können diese beiden Möglichkeiten mit einer der 6 verschiedenen Zusammenstellungen aus Suppe und Hauptgericht kombiniert werden, was schließlich 12 Möglichkeiten für die Zusammenstellung verschiedener Menüs ergibt.
Rechnerisch sieht das so aus:
$n_1 \cdot n_2 \cdot n_3 = 2 \cdot 3 \cdot 2 = 12$

Es sind also 12 verschiedene Menüs möglich. Der Entscheidungsprozess lässt sich in einem Baumdiagramm übersichtlich darstellen:

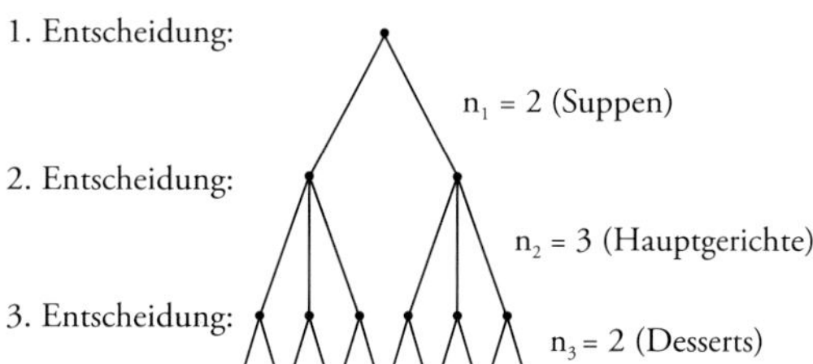

Insgesamt gibt es $n_1 \cdot n_2 \cdot n_3 = 12$ verschiedene Menüs.

Verallgemeinert man das am Beispiel gezeigte Vorgehen auf beliebige Anzahlen, so erhält man das Allgemeine Zählprinzip der Kombinatorik, auch als Produktregel bezeichnet:

> **Produktregel der Kombinatorik:**
> Ein Lösungsversuch werde in m Entscheidungsstufen durchgeführt.
> Auf der ersten Stufe gebe es n_1 Möglichkeiten.
> Auf der zweiten Stufe gebe es n_2 Möglichkeiten.
> Auf der dritten Stufe gebe es n_3 Möglichkeiten.
> ...
> Auf der m-ten Stufe gebe es n_m Möglichkeiten.
> Dann beträgt die Anzahl a der Möglichkeiten bei diesem Versuch insgesamt:
> $a = n_1 \cdot n_2 \cdot n_3 \dots n_m$

> **Beispiel für die Anwendung der Produktregel:**
> Nadine möchte ihr neues Aquarium besetzen. Der Zierfischhändler hat in einem Becken 18 Guppies, 12 Schwertträger, 8 Skalare und 5 Black Mollys. Alle Tiere sind voneinander unterscheidbar. Wie viele Auswahlmöglichkeiten hat Nadine, wenn sie von jeder Sorte ein Exemplar haben möchte?

Die Lösung lautet: a = 18 · 12 · 8 · 5 = 8 640

Bei Aufgaben, die mit dem Allgemeinen Zählprinzip gelöst werden können, ist hinsichtlich der Bildung der n-stufigen Sequenzen, die beim Bilden einzelner Anordnungen entstehen, zwischen zwei Fällen zu unterscheiden, die von unterschiedlichen Vorstellungen ausgehen. Im ersten Fall stammt jedes der n Zeichen einer n-gliedrigen Sequenz aus einer anderen Menge (z. B. Suppe – Hauptgericht – Dessert). Beim zweiten Fall sind die Belegungsmöglichkeiten der Stellen der Sequenz gleich (vgl. Kütting/Sauer 2011, S. 135). Die bisher betrachteten Beispiele sind dem ersten Fall zuzuordnen, Beispiele zum zweiten Fall werden im Zusammenhang mit Aufgaben zur Permutation bzw. Variation beleuchtet.

Grundaufgaben der Kombinatorik – Kombinatorische Figuren

Die Produktregel ist prinzipiell für kombinatorische Aufgabenstellungen anwendbar, zum Teil aber sehr aufwändig. Im folgenden Abschnitt werden besondere Auswahlsituationen betrachtet, die bei kombinatorischen Fragestellungen häufig vorkommen. Diese werden als Grundaufgaben bzw. kombinatorische Figuren bezeichnet und tragen besondere Namen. Die Einteilung und Namensgebung ist in verschiedenen Quellen unterschiedlich. Häufig werden die hier dargestellten Grundaufgaben 1 und 2 nur als Sonderfälle der Grundaufgaben 5 und 6 betrachtet. Die für dieses Buch gewählte Einteilung erfolgte vor dem Hintergrund, dass die hier als Permutation ohne Wiederholung bezeichnete kombinatorische Figur (Grundaufgabe 1) für die Grundschule relativ große Bedeutung hat. Für die kombinatorischen Figuren gibt es jeweils eine Lösungsformel, die sich mehr oder weniger aufwändig mithilfe des Allgemeinen Zählprinzips herleiten lässt. Deshalb wird dies hier nur exemplarisch gezeigt. Für weiterführende Betrachtungen sei dem interessierten Leser u. a. Kütting/Sauer 2011 (vgl. dort Abschnitt 2.8.3) empfohlen.

Für Anwendungen ist zu beachten, dass sich nicht alle kombinatorischen Aufgaben einer der Grundaufgaben oder diesen nur recht schwierig zuordnen lassen. Dies betrifft schon einmal die bisher betrachteten Beispiele zur Produktregel, aber auch andere teilweise komplexere Beispiele.

Grundaufgabe 1: Permutation ohne Wiederholung

Unter Permutationen ohne Wiederholung versteht man alle möglichen Anordnungen einer n-elementigen Menge, ohne dass Elemente mehrfach vorkommen.

Bei der Grundaufgabe 1 geht es also darum, alle möglichen dieser Anordnungen bzw. deren Anzahl zu bestimmen.

Beispiel 1:
Wie viele Möglichkeiten gibt es, um eine bestimmte Anzahl von n Personen in einer Reihe anzuordnen?

Für n = 2 bis 4 werden alle Lösungen explizit geordnet aufgeschrieben.
(Die Personen sollen mit A, B, C, D bezeichnet werden.)

n = 2: 2 Möglichkeiten
AB und BA

n = 3: 6 Möglichkeiten
ABC, ACB, BAC, BCA, CAB, CBA

n = 4: 24 Möglichkeiten

ABCD	BACD	CABD	DABC
ABDC	BADC	CADB	DACB
ACBD	BCAD	CBAD	DBAC
ACDB	BCDA	CBDA	DBCA
ADBC	BDAC	CDAB	DCAB
ADCB	BDCA	CDBA	DCBA

Die Fortsetzung dieses Lösungswegs ist zweifelsohne für größere n recht aufwändig. Eine allgemeine Lösungsformel für die Anzahl der Permutationen ohne Wiederholung lässt sich aus der Produktregel ableiten.

Wir orientieren uns dazu an den bei der Erklärung der Produktregel aufgeworfenen Fragen:

1. Auf wie vielen Stufen sind Entscheidungen zu treffen?
2. Wie viele Entscheidungsmöglichkeiten gibt es auf jeder Stufe?

Da in der Anordnung der n Personen eine Entscheidung über jeden der n Plätze zu treffen ist, ist ein Entscheidungsprozess auf n Stufen durchzuführen.
Auf der ersten Entscheidungsstufe gibt es $n_1 = n$ Möglichkeiten, um einer bestimmten Person von n Personen einen bestimmten Platz zuzuordnen.
Auf der zweiten Entscheidungsstufe gibt es $n_2 = n - 1$ Möglichkeiten, die restlichen $n - 1$ Personen zuzuordnen.

Auf der dritten Entscheidungsstufe gibt es $n_3 = n - 2$ Möglichkeiten, die restlichen $n - 2$ Personen zuzuordnen.

Dies lässt sich fortsetzen bis:
Auf der n-ten Entscheidungsstufe gibt es $n_n = n - (n - 1) = 1$ Möglichkeit, die letzte Person zuzuordnen.
Nach der Produktregel gilt nun für die Anzahl der Möglichkeiten bei einer Permutation ohne Wiederholung
$a = n \cdot (n - 1) \cdot (n - 2) \cdot (n - 3) \cdot \ldots \cdot 2 \cdot 1$
$= n!$
(Man definiert: $1 \cdot 2 \cdot 3 \cdot \ldots \cdot (n - 1) \cdot n = n!$
„n!“ wird als „n Fakultät“ gesprochen.)

Diese Formel lässt sich auch auf andere Weise erschließen:
Man geht davon aus, dass es 2 verschiedene Möglichkeiten gibt, um zwei Personen anzuordnen. Nun überlegt man, wie viele verschiedene Möglichkeiten es gibt, um eine dritte Person in dieser Reihe anzuordnen. Das sind genau 3.
Diese Überlegungen setzt man bis zur n-ten Person fort und erhält schließlich
$2 \cdot 3 \cdot \ldots \cdot (n - 3) \cdot (n - 2) \cdot (n - 1) \cdot n = n!$
Möglichkeiten.

Zusammenfassend lässt sich sagen:
Für n verschiedene Elemente einer Menge gibt es n! verschiedene Möglichkeiten der Anordnung:
$a = n!$

Beispiel 2:
Wie viele verschiedene Möglichkeiten gibt es, um sieben Streifen, von denen jeder eine andere Farbe hat, nebeneinander anzuordnen?

$a = 7! = 7 \cdot 6 \cdot 5 \cdot 4 \cdot 3 \cdot 2 \cdot 1 = 5\,040$
Es gibt also 5 040 verschiedene Möglichkeiten, um die Streifen anzuordnen.

Grundaufgabe 2: Permutation mit Wiederholung

Bei dieser Grundaufgabe besteht das Ziel in der Ermittlung aller Anordnungen einer n-elementigen Menge mit Wiederholungen, d. h., ein Element darf in der Anordnung mehrfach auftreten.

Beispiel 1:
Drei rote und zwei schwarze Perlen sollen nebeneinander auf eine Schnur gefädelt werden. Auf welche und wie viele Arten ist das möglich?

Wir gehen zunächst wieder einen inhaltlichen Lösungsweg und stellen alle möglichen Anordnungen zusammen und zählen diese ab (r = rot, s = schwarz):

r r r s s
r r s r s
r r s s r
r s r r s
r s r s r
r s s r r
s r r r s
s r r s r
s r s r r
s s r r r

Man erhält also 10 Möglichkeiten.

Wir suchen wiederum einen effektiveren Lösungsweg für größere Anzahlen, d. h., wir wollen eine Formel zur Anzahlbestimmung von Permutationen mit Wiederholung gewinnen.

Wir gehen von der Formel für die Anzahl der Permutation ohne Wiederholung aus und überlegen, wie sich diese durch das mehrfache Vorkommen von Elementen innerhalb einer Anordnung verändert.

Dazu greifen wir eine Anordnung der Permutation mit Wiederholung heraus (srsrr) und nummerieren die roten Perlen mit r_1 bis r_3. Wir erhalten folgende Anordnungen:

$s\,r_1\,s\,r_2\,r_3$	$s\,r_2\,s\,r_1\,r_3$	$s\,r_3\,s\,r_1\,r_2$
$s\,r_1\,s\,r_3\,r_2$	$s\,r_2\,s\,r_3\,r_1$	$s\,r_3\,s\,r_2\,r_1$

Das sind 6 = 3! Anordnungen, bei denen eine schwarze Perle an erster und eine an dritter Stelle stehen. Durch Unterscheiden der drei roten Perlen erhalten wir also 3!-mal so viele Anordnungen wie ohne eine Unterscheidung der roten Perlen.
Eine entsprechende Nummerierung der schwarzen Perlen liefert 2!-mal so viele Anordnungen wie ohne Unterscheidung.

Wir fassen die Überlegungen zusammen:
Wären alle 5 Perlen verschieden (Permutation ohne Wiederholung), so hätten wir 5! = 120 Anordnungen erhalten. Durch gleiche Farbe von 3 bzw. 2 Perlen erhalten wir folgende Anzahl an Anordnungen:

$$a = \frac{5!}{3! \cdot 2!} = \frac{5 \cdot 4 \cdot 3 \cdot 2 \cdot 1}{3 \cdot 2 \cdot 1 \cdot 2 \cdot 1} = 10$$

Wir verallgemeinern:

Befinden sich unter n Elementen einer Menge n_1 gleichartige Elemente einer ersten Teilmenge, n_2 gleichartige Elemente einer zweiten Teilmenge, ... n_k Elemente einer k-ten Teilmenge, wobei $n_1 + n_2 + ... + n_k = n$ ist, so ist die Anzahl a dieser Permutationen mit Wiederholung:

$$a = \frac{n!}{n_1! \cdot n_2! \cdot \ldots \cdot n_k!}$$

Aus dieser Formel wird ersichtlich, dass die Permutation ohne Wiederholung als Sonderfall der Permutation mit Wiederholung mit $n_1 = n_2 = ... = n_k = 1$ betrachtet werden kann.

Beispiel 2:
Wie viele achtstellige Zahlen lassen sich aus den Ziffern 5 und 6 bilden, wenn in jeder Zahl jede Ziffer genau zweimal vorkommen soll?

$n = 8;\ n_1 = n_2 = n_3 = n_4 = 2$

$$a = \frac{8!}{2! \cdot 2! \cdot 2! \cdot 2!} = 2520$$

Grundaufgabe 3: Kombination ohne Wiederholung (ungeordnete Stichprobe ohne Zurücklegen)

Bei der Kombination ohne Wiederholung besteht das Ziel in der Bestimmung der Anzahl aller möglichen m-elementigen Teilmengen einer n-elementigen Menge. Die Anordnung (Reihenfolge) der Elemente spielt dabei keine Rolle.

Beispiel 1:
Eine Urne enthält 5 verschiedenfarbige Kugeln. Auf wie viele Arten lassen sich mit einem Griff und ohne Zurücklegen 2 Kugeln entnehmen?

Wir überlegen zunächst wieder inhaltlich die Möglichkeiten. Die Farben werden mit A bis E bezeichnet:
AB, AC, AD, AE, BC, BD, BE, CD, CE, DE
Das ergibt 10 Möglichkeiten.

Die Herleitung der Formel für die Bestimmung der Anzahl der Kombinationen ohne Wiederholung, mit deren Hilfe durch direktes Einsetzen von m und n die Anzahl a der Kombinationen ohne Wiederholung ermittelt werden kann, ist etwas aufwändiger. Sie lautet:

$$a = \binom{n}{m} = \frac{n!}{(n-m)! \cdot m!}$$

$\binom{n}{m}$ (gesprochen „n über m“) ist der sogenannte Binomialkoeffizient:

$$\binom{n}{m} = \frac{n(n-1)(n-2) \cdot \ldots \cdot (n-m+1)}{m!} = \frac{n!}{(n-m)! \cdot m!}$$

Dabei gilt: $m \leq n$.
Für unser Beispiel ist die Formel wie folgt anzuwenden:
$m = 2;\ n = 5$

$$a = \binom{5}{2} = \frac{5!}{3! \cdot 2!} = \frac{5 \cdot 4 \cdot 3 \cdot 2 \cdot 1}{3 \cdot 2 \cdot 1 \cdot 2 \cdot 1} = 10$$

Beispiel 2:
Wie viele verschiedene Ziehungsergebnisse (Zahlenkombinationen) sind beim Lotto 6 aus 49 möglich?

$$a = \binom{49}{6} = \frac{49 \cdot 48 \cdot 47 \cdot 46 \cdot 45 \cdot 44}{1 \cdot 2 \cdot 3 \cdot 4 \cdot 5 \cdot 6} = 13\,983\,816$$

Es sind also 13 983 816 verschiedene Ziehungsergebnisse möglich.

Grundaufgabe 4: Kombination mit Wiederholung (ungeordnete Stichprobe mit Zurücklegen)

Bei der Kombination mit Wiederholung besteht das Ziel in der Bestimmung der Anzahl aller möglichen Zusammenstellungen von m Elementen, die mit den Elementen einer n-elementigen Menge möglich sind. In der m-elementigen Zusammenstellung dürfen sich Elemente wiederholen.
Die Anordnung der Elemente spielt wiederum keine Rolle.

Beispiel 1:
Wie viele Steine enthält ein Dominospiel, bei dem es die „Zahlbilder“ von 0 bis 6 gibt?

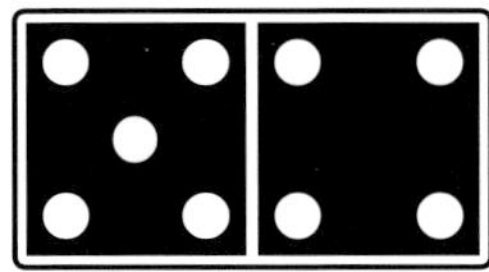

Abstrahiert man die Aufgabenstellung auf ihren mathematischen Inhalt, so geht es darum, alle Paare natürlicher Zahlen aus den Ziffern 0 bis 6 zu bilden, wobei Ziffern auch doppelt auftreten können und die Anordnung (Reihenfolge) der Ziffern keine Rolle spielt (die Anordnung 1 – 2 entspricht der Anordnung 2 – 1), d.h., es werden immer zwei Ziffern aus sieben möglichen ausgewählt (bei zugelassener Wiederholung, ohne Beachtung der Reihenfolge).

Wir wollen die Aufgabe zunächst inhaltlich lösen und bilden systematisch alle möglichen Paare (mögliche Steine des Dominospiels):
0 – 0, 0 – 1, 0 – 2, 0 – 3, 0 – 4, 0 – 5, 0 – 6,
1 – 1, 1 – 2, 1 – 3, 1 – 4, 1 – 5, 1 – 6
2 – 2, 2 – 3, 2 – 4, 2 – 5, 2 – 6,
3 – 3, 3 – 4, 3 – 5, 3 – 6,
4 – 4, 4 – 5, 4 – 6,
5 – 5, 5 – 6,
6 – 6
Dies sind genau 28 Paare.

Betrachtet man die hier gewählte Anordnung, so ist folgende Bildungsvorschrift zu erkennen: Es gibt 7 Steine mit der 0 an (mindestens) einer Stelle, 6 (neu hinzukommende) Paare mit der 1 usw.
Die Anzahl der gesuchten Kombinationen mit Wiederholung lässt sich für unseren Fall mit m = 2 (auszuwählenden Elementen) und n = 7 (für die Auswahl möglichen Elementen) also mithilfe der Summe 7 + 6 + 5 + 4 + 3 + 2 + 1 = 28 ermitteln.
(allgemein: n + (n – 1) + (n – 2) + … + 2 + 1)
Diese Formel gilt aber nur für m = 2 und wird in der Anwendung für größere n zunehmend aufwändiger.

Es gibt aber auch eine Formel, mit deren Hilfe die Anzahl der Kombinationen mit Wiederholung durch direktes Einsetzen von m und n ermittelt werden kann. Diese soll ohne Beweis (oder Herleitung) angegeben werden:

$$a = \binom{n + m - 1}{m}$$

Für unseren Fall m = 2 und n = 7 ist die Formel so anzuwenden:

$$a = \binom{7 + 2 - 1}{2} = \binom{8}{2} = \frac{8 \cdot 7}{2 \cdot 1} = 28$$

Durch die Möglichkeit der Wiederholung eines Elements kann bei einer Kombination mit Wiederholung auch der Fall m > n auftreten.

Beispiel 2:
Ein Händler verkauft Bananen, Äpfel und Orangen zu 2 € für 8 Früchte in beliebiger Zusammensetzung. Wie viele verschiedene Möglichkeiten gibt es, um 8 Früchte nach freier Wahl zusammenzustellen?

m = 8; n = 3

$$a = \binom{3 + 8 - 1}{8} = \binom{10}{8} = \frac{10!}{2! \cdot 8!} = \frac{10 \cdot 9}{2} = 45$$

Es gibt also 45 Möglichkeiten der Zusammenstellung.

Grundaufgabe 5: Variation ohne Wiederholung (geordnete Stichprobe ohne Zurücklegen)

Bei der Variation ohne Wiederholung besteht das Ziel in der Bestimmung der Anzahl aller möglichen m-elementigen Anordnungen ohne Wiederholungen aus einer n-elementigen Menge, d. h., die Anordnung der Elemente spielt bei dieser Aufgabe eine Rolle.

> **Beispiel 1:**
> Wie viele Möglichkeiten gibt es, zwei zu unterscheidende Preise (z. B. 1. und 2. Preis) an 6 Kinder derart zu verteilen, dass ein Kind höchstens einen Preis bekommen kann?

Wir lösen die Aufgabe zunächst nach der Produktregel:

Auf der 1. Entscheidungsstufe gibt es n_1 = 6 Möglichkeiten für die Vergabe des 1. Preises an ein Kind.
Auf der 2. Entscheidungsstufe gibt es n_2 = 5 Möglichkeiten für die Vergabe des 2. Preises (an die restlichen fünf Kinder).
Da nur zwei Preise zu verteilen sind, ist der Entscheidungsprozess nach dieser Stufe abgeschlossen und für die Produktregel gilt:
$a = n_1 \cdot n_2 = 6 \cdot 5 = 30$

Wir verallgemeinern:
Wenn eine m-elementige Anordnung ohne Wiederholung aus einer n-elementigen Menge ausgewählt werden soll, so kann das über einen m-stufigen Entscheidungsprozess erfolgen.
Auf der 1. Stufe gibt es n Entscheidungsmöglichkeiten, auf jeder weiteren Stufe nimmt die Anzahl der Entscheidungsmöglichkeiten um jeweils eine Möglichkeit ab (n – 1, n – 2, ...).
Auf der letzten m-ten Stufe gibt es demnach n – m + 1 Entscheidungsmöglichkeiten.
Nach der Produktregel ergibt sich für die Anzahlbestimmung einer Variation ohne Wiederholung:
$a = n \cdot (n-1) \cdot (n-2) \dots \cdot (n-m+2) \cdot (n-m+1)$ mit $m \leq n$

$$a = \frac{n!}{(n-m)!}$$

Diese Formel lässt sich auch aus den Grundaufgaben 3 (Kombination ohne Wiederholung) und 1 (Permutation ohne Wiederholung) ableiten.

Aus Grundaufgabe 3 folgt:
Anzahl der Möglichkeiten, um eine m-elementige Teilmenge aus einer n-elementigen Menge ohne Wiederholung der Elemente auszuwählen:

$$a = \binom{n}{m} = \frac{n!}{(n-m)! \cdot m!}$$

Aus Grundaufgabe 1 folgt:
Es gibt innerhalb jeder der m-elementigen Teilmengen m! Möglichkeiten der Anordnung.
Dies bedeutet für die Anzahl der Möglichkeiten der Auswahl einer m-elementigen Anordnung aus einer n-elementigen Menge:

$$a = \frac{n!}{(n-m)! \cdot m!} \cdot m! = \frac{n!}{(n-m)!}$$

Als Sonderfall der Variation ohne Wiederholung mit m = n erhält man die Permutation ohne Wiederholung. Dann gilt: a = n!

Wir wenden die Formel für die Variation ohne Wiederholung auf unser Ausgangsbeispiel an:
Es gilt: m = 2 und n = 6

$$a = \frac{6!}{(6-2)!} = \frac{6!}{4!} = \frac{6 \cdot 5 \cdot 4 \cdot 3 \cdot 2 \cdot 1}{4 \cdot 3 \cdot 2 \cdot 1}$$

$$= 6 \cdot 5 = 30$$

Beispiel 2:
Wie viele vierstellige Zahlen lassen sich aus den Ziffern 1, 2, 5, 6, 8 und 9 bilden, wenn jede Ziffer für eine Zahl höchstens einmal verwendet werden darf?

Es gilt: m = 4 und n = 6

$$a = \binom{6}{4} \cdot 4! = \frac{6!}{2!} = 6 \cdot 5 \cdot 4 \cdot 3 = 360$$

Grundaufgabe 6: Variation mit Wiederholung (geordnete Stichprobe mit Zurücklegen)

Bei der Variation mit Wiederholung besteht das Ziel in der Bestimmung der Anzahl aller möglichen m-elementigen Anordnungen mit Wiederholungen aus einer n-elementigen Menge, d. h., die Anordnung der Elemente spielt bei dieser Aufgabe eine Rolle.

Wir betrachten zwei Beispiele:

Beispiel 1:
Auf wie viele verschiedene Arten lassen sich drei nebeneinander liegende Kästchen rot oder grün ausmalen?

Beispiel 2:
Auf wie viele verschiedene Arten lassen sich zwei nebeneinander liegende Kästchen mit den Farben Rot, Gelb oder Blau ausmalen? (Farbwiederholungen innerhalb einer Anordnung sind jeweils zugelassen.)

Wir lösen die Aufgaben zunächst inhaltlich, indem wir sämtliche mögliche Anordnungen explizit ermitteln.

Beispiel 1:
rrr rrg rgr rgg
grr ggr grg ggg

Es ist ein dreistufiger Entscheidungsprozess, auf jeder Stufe ist die Entscheidung zwischen 2 Farben möglich:
$2 \cdot 2 \cdot 2 = 8$ Möglichkeiten

Beispiel 2:
rr rg rb
gr gb gg
bb br bg

Es ist ein zweistufiger Entscheidungsprozess, auf jeder Stufe ist die Entscheidung zwischen 3 Farben möglich:
$3 \cdot 3 = 9$ Möglichkeiten

Wir suchen nach einer gemeinsamen Formel für die Anzahlbestimmung und nutzen wiederum die Produktregel:

Für die Bestimmung der Anzahl einer m-elementigen Anordnung führen wir einen m-stufigen Entscheidungsprozess durch (für jeden der m „Plätze" innerhalb der Anordnung), wobei wir auf jeder Stufe n Entscheidungsmöglichkeiten (entsprechend der Mächtigkeit der Menge) haben. Danach ergibt sich für die Anzahl:
$a = n \cdot n \cdot n \cdot \ldots \cdot n$, wobei die Anzahl der Faktoren gleich m ist, d. h. $a = n^m$

Für die Anzahl a der m-elementigen Anordnungen mit Wiederholungen aus einer n-elementigen Menge gilt:
$a = n^m$

Wir wenden die Formel auf unsere Ausgangsbeispiele an:

Beispiel 1:
m = 3, n = 2
$a = 2^3 = 8$

Beispiel 2:
m = 2, n = 3
$a = 3^2 = 9$

Aus Beispiel 1 wird ersichtlich, dass bei einer Variation mit Wiederholung m auch größer als n sein kann.

Beispiel 3:
Wie viele vierstellige Zahlen lassen sich aus den Ziffern 1, 2, 5, 6, 8 und 9 bilden, wenn Ziffern auch mehrfach verwendet werden dürfen?

Es gilt: m = 4 und n = 6
$a = 6^4 = 1\,296$

Weitere Beispiele – Finden des Aufgabentyps

Schwierigkeiten beim Lösen kombinatorischer Aufgaben ergeben sich weniger aus den Rechnungen als aus dem Finden des richtigen Aufgabentyps (vgl. Hefendehl-Hebeker, L./Törner, G. 1984). Deshalb betrachten wir jetzt einige Beispiele, bei denen der Schwerpunkt auf der richtigen Wahl des Aufgabentyps liegen soll. Alle Aufgaben sind dem Thema „Schachturnier" zuzuordnen:

2 Mädchen und 4 Jungen wollen ein Schachturnier durchführen.

Beispiel 1:
Wie viele Spiele müssen durchgeführt werden, wenn jeder Junge genau einmal gegen jedes Mädchen spielt?

Die Aufgabe kann mithilfe der Produktregel gelöst werden. Es werden alle geordneten Paare aus einem Jungen und einem Mädchen gebildet.
Das sind 2 · 4 = 8 Paare, also müssen 8 Spiele durchgeführt werden.

Beispiel 2:
Wie viele Spiele müssen durchgeführt werden, wenn jeder Teilnehmer genau einmal gegen jeden anderen Teilnehmer spielt?

Für die Durchführung eines Spieles werden jeweils 2 Teilnehmer (von 6) ausgewählt. Die Anordnung spielt keine Rolle. Kein Element tritt mehrfach auf, da niemand gegen sich selbst spielen kann.
Aufgabentyp: Kombination ohne Wiederholung:

$a = \binom{6}{2} = 15$

Beispiel 3:
Wie viele Spiele müssen durchgeführt werden, wenn das Turnier (jeder gegen jeden) mit Hin- und Rückspiel ausgetragen wird?

Auch hier werden 2 Teilnehmer (aus 6) ausgewählt. Durch die Festlegung „mit Hin- und Rückspiel" spielt auch die Anordnung der Elemente eine Rolle.
Aufgabentyp: Variation ohne Wiederholung:

$a = \binom{6}{2} \cdot 2! = 30$

Beispiel 4:
Wie viele verschiedene Möglichkeiten gibt es für den Turnierausgang (Belegen der Plätze 1 bis 6)?

Hier spielt nur die Anordnung eine Rolle.
Aufgabentyp: Permutation ohne Wiederholung:
$a = 6! = 720$

Beispiel 5:
Wie viele verschiedene Möglichkeiten gibt es, dass drei Teilnehmer eine Medaille erhalten?

Hier werden 3 Teilnehmer (aus 6) für die Medaillenplätze ausgewählt. Die Anordnung spielt keine Rolle.
Aufgabentyp: Kombination ohne Wiederholung:

$$a = \binom{6}{3} = \frac{6 \cdot 5 \cdot 4}{1 \cdot 2 \cdot 3} = 20$$

Beispiel 6:
Wie viele verschiedene Möglichkeiten der Vergabe von Gold-, Silber- und Bronzemedaille gibt es?

Auch hier werden 3 Teilnehmer (aus 6) ausgewählt, aber diesmal spielt durch die Frage nach den einzelnen Medaillen die Anordnung eine Rolle.
Aufgabentyp: Variation ohne Wiederholung:

$$a = \binom{6}{3} \cdot 3! = 120$$

Erkennungsalgorithmus für das Bestimmen des Aufgabentyps

Bei der Bestimmung des Aufgabentyps kombinatorischer Aufgabenstellungen sollte man sich die folgenden Fragen stellen:

- Werden Objekte ausgewählt (oder werden alle verwendet und nur die Anordnung spielt eine Rolle)?
- Spielt die Anordnung der Elemente eine Rolle?
- Dürfen Elemente mehrfach auftreten?

Aus diesen Überlegungen lässt sich folgender Erkennungsalgorithmus für die Bestimmung kombinatorischer Aufgabenstellungen ableiten:

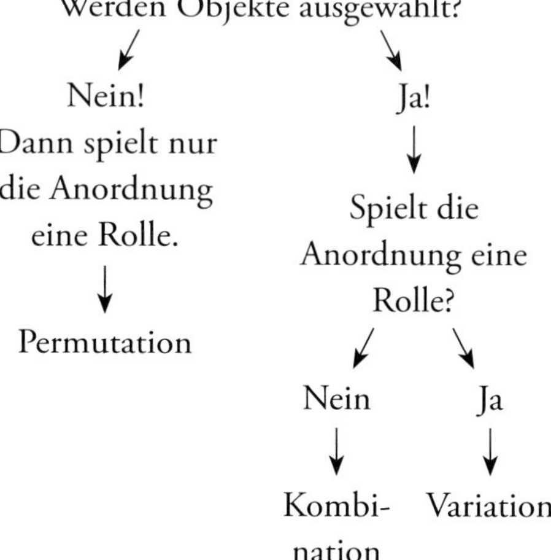

Wird die Frage nach der mehrfachen Verwendung von Elementen mit „Ja“ beantwortet, dann handelt es sich um den jeweiligen Aufgabentyp mit Wiederholung.

Beispiele zum Weiterdenken

Beispiel 1:
Wie viele Verbindungsgeraden kann es höchstens zwischen sechs Punkten geben?
Wie viele Schnittpunkte gibt es höchstens zwischen sechs Geraden?

Kombination ohne Wiederholung:

$$a = \binom{6}{2} = \frac{6 \cdot 5}{2} = 15$$

Beispiel 2:
Wie viele unterschiedliche Würfe sind beim Würfeln mit zwei gleichartigen (nicht unterscheidbaren) Würfeln möglich?

Kombination mit Wiederholung:

$$a = \binom{6 + 2 - 1}{2} = \binom{7}{2} = 21$$

Beispiel 3:
Wie viele unterschiedliche Würfe sind mit 5 gleichartigen (nicht unterscheidbaren) Würfeln möglich, wenn genau drei Würfel die gleiche Augenzahl haben?

Lösungsweg:
jeweils die Zahl, die dreimal vorkommt, festhalten
Möglichkeiten für die restlichen Augenzahlen betrachten:
Kombination ohne Wiederholung (2 Zahlen aus 5 werden ausgewählt):

$$a = \binom{5}{2} = 10$$

Da diese Überlegung für jede der Zahlen anzustellen ist, ergibt sich für die Gesamtanzahl der Möglichkeiten: $6 \cdot 10 = 60$

Beispiel 4:
Zu jedem von 5 Briefen gibt es genau einen „richtigen Umschlag“. Wie viele Möglichkeiten gibt es, die Briefe so den Umschlägen zuzuordnen, dass kein Brief im „richtigen Umschlag“ ist?

Lösung mithilfe eines Baumdiagramms oder durch explizites Aufschreiben: 44

21453	31254	41253	51234
21534	31452	41523	51423
23154	31524	41532	51432
23451	34152	43152	53124
23514	34251	43251	53214
24153	34512	43512	53412
24513	34521	43521	53421
24531	35124	45123	54123
25134	35214	45132	54132
25413	35412	45213	54213
25431	35421	45231	54231

Beispiel 5:
In einer Klasse sollen an einem Tag 7 Stunden Unterricht sein, und zwar je zwei Stunden Deutsch und Mathematik sowie je eine Stunde Geschichte, Sport und Biologie. Wie viele verschiedene Möglichkeiten gibt es, um einen Stundenplan dafür zusammenzustellen?

Permutation mit Wiederholung:

$$a = \frac{7!}{2! \cdot 2!} = 1\,260$$

Literatur

FREUDENTHAL, H. (1973): Tendenzen zur Mathematik in der Grundschule. Didaktik der Mathematik 1 (1), S. 2–11.

HEFENDEHL-HEBEKER, L./TÖRNER, G. (1984): Über Schwierigkeiten bei der Behandlung der Kombinatorik. Didaktik der Mathematik, 12 (4), S. 245–262.

KÜTTING, H./SAUER, M. J. (2011): Elementare Stochastik. Mathematische Grundlagen und didaktische Konzepte. 3. Auflage. Heidelberg: Spektrum, Akademischer Verlag.

Bernd Neubert

Kombinatorik im Mathematikunterricht der Grundschule – Beispiele

Potenzial kombinatorischer Aufgaben

Das Potenzial kombinatorischer Aufgaben für die Grundschule, auch bereits im Anfangsunterricht, ist schon lange bekannt:

„Zählen, Combiniren, Anschauen, gehören zu den natürlichen Entwickelungen des Geistes, die man durch den Unterricht nicht schaffen, sondern nur beschleunigen soll; daher hier das Verfahren soviel möglich analytisch beginnen muss; Lesen und Schreiben hingegen lässt sich nur synthetisch (jedoch nach vorgängiger Analyse der Sprachlaute) lehren.

Das Combiniren – gemeiniglich ganz, und sehr mit Unrecht, vernachlässigt – gehört zu den allerleichtesten und Vieles erleichternden Übungen, recht eigentlich für Kinder. Dass zwey Dinge ihre Stellung rechts und links, (hinten, und vorn, oben, und unten), wechseln können, ist der Anfang. Dass drey Dinge sich sechsfach (in Einer Linie) versetzen lassen, ist die nächste Folge. Wieviele Paare man aus einer Menge vorliegender Dinge nehmen könne? ist eine der leichtesten Fragen. Wie weit man fortzuschreiten habe, müssen die Umstände bestimmen. Nur sind nicht Buchstaben, sondern Dinge, und die Kinder selbst, zu versetzen, zu combiniren und zu variiren. So etwas muss man zum Theil scheinbar spielend lehren.“ (Herbart 1841, S. 167 f.)

Diese Idee aus der Mitte des 19. Jh. wird auch in späteren Veröffentlichungen aufgegriffen (vgl. u. a. Panknin 1972, Bauersfeld 1973, Freudenthal 1973, Engel/Varga/Walser 1974, Winter 1976, Lindenau/Schindler 1977, Kütting 1994, Vassne-Varga 1995, Klunter/Raudies/Veith 2010, Schipper/Ebeling/Dröge 2015). Auch Untersuchungen zur kombinatorischen Problemlösefähigkeit bei Kindern unterschiedlichen Alters sowohl aus psychologischer als auch aus mathematikdidaktischer Sicht bestätigen diese Aussagen und konkretisieren sie (vgl. English 1991, Inhelder/Piaget 1958, Hoffmann 2003, Höveler 2014).

Einige Aspekte werden bei den Ergebnissen der Studien häufig erwähnt: Lernende bringen bereits vor der unterrichtlichen Thematisierung nicht zu unterschätzende Kompetenzen hinsichtlich des Lösens kombinatorischer Anzahlbestimmungsprobleme mit. Kombinatorisches Denken entwickelt sich altersabhängig. Piaget und Inhelder führten Untersuchungen zur kombinatorischen Problemlösefähigkeit durch, welche sich an den von Piaget entwickelten drei Entwicklungsstufen orientierten. Dabei stellten sie fest, dass die Kinder erst mit elf Jahren dazu in der Lage sind, systematisch nach allen möglichen Kombinationen zu suchen. Vorher sind die Strategien häufig noch instabil und wechseln, werden teilweise aufgabenbezogen angewendet.

Vor allem jüngere Kinder benötigen konkretes Material für das Lösen kombinatorischer Aufgaben. Dies ermöglicht ihnen ein strukturierteres Herangehen.

Den Kindern fällt es sehr schwer, den Lösungsweg zu erklären und zu begründen, warum alle Möglichkeiten gefunden wurden. Die Begründungskompetenz steht oftmals in keinem Zusammenhang mit der Problemlösekompetenz. Dies bedeutet, dass die Probanden zwar in der Lage waren, die Aufgabe zu lösen, allerdings die Lösung nicht verbalisieren konnten (vgl. Hoffmann 2003, S. 280).

In den KMK-Bildungsstandards werden kombinatorische Aufgaben unter der Leitidee „Zahlen und Operationen" eingeordnet. Im Teilbereich „in Kontexten rechnen" sollen die Schülerinnen und Schüler bis zum Ende der 4. Klasse die folgende inhaltbezogene mathematische Kompetenz erwerben: „Einfache kombinatorische Aufgaben (z. B. Knobelaufgaben) durch Probieren bzw. systematisches Vorgehen lösen" (Sekretariat der Ständigen Konferenz der Kultusminister 2005, S. 9). Es ist interessant, dass nicht nur die Kompetenzen beschrieben werden, sondern auch ein Hinweis zum Vorgehen der Schülerinnen und Schüler bzw. den dahinter stehenden unterschiedlichen Kompetenzniveaus erfolgt.

Mitunter wird die Kombinatorik speziell in der Primarstufe der Leitidee „Daten, Häufigkeit und Wahrscheinlichkeit" zugeordnet. Dies ist nur bedingt gerechtfertigt, da für Wahrscheinlichkeit und Kombinatorik weitgehend verschiedene Ziele vorgesehen sind. Für das Lösen von Wahrscheinlichkeitsaufgaben sind zwar wie bereits erwähnt Anzahlbestimmungen nötig, dies erfolgt in der Grundschule meist durch (häufig unstrukturiertes) Abzählen. Das Anwenden kombinatorischer Strategien ist für das Lösen von Aufgaben zur Wahrscheinlichkeit in den Klassen 1 bis 4 eher selten notwendig. Umgekehrt tragen Aufgaben, bei denen beispielsweise der kombinatorische Aspekt als Grundvorstellung der Multiplikation angewendet wird, kaum zur Entwicklung der nach der Leitidee „Daten, Häufigkeit und Wahrscheinlichkeit" anzustrebenden Kompetenzen bei.

Es gibt eine Reihe von Argumenten, die für eine Behandlung kombinatorischer Aufgaben in der Grundschule sprechen. Ohne Anspruch auf Vollständigkeit gehören die folgenden dazu:

- Zum Bearbeiten kombinatorischer Fragestellungen sind nur Rechnungen im Bereich der natürlichen Zahlen auszuführen.
- Kinder werden außerhalb der Schule schon frühzeitig mit Phänomenen konfrontiert, die kombinatorische Überlegungen erfordern, sie gehören also zu deren Erfahrungswelt. Andererseits tragen kombinatorische Fragestellungen zur Umwelterschließung bei.
- Das vollständige Verstehen von Problemen der Kombinatorik braucht Zeit. Deshalb sollte frühzeitig mit ihrer Behandlung begonnen werden. Fehlauffassungen kann dann besser entgegengewirkt werden.
- Kombinatorische Aufgaben können zur Erreichung von Zielen bei anderen mathematischen Inhalten beitragen.
- Kombinatorische Aufgaben bieten vielfältige Möglichkeiten der Differenzierung.
- An kombinatorischen Aufgaben können Kinder erfahren, dass man mathematische Aufgaben unterschiedlich interpretieren kann.

- Von kombinatorischen Aufgaben geht eine hohe intrinsische Motivation aus. Spielerisch-experimentelles Vorgehen sichert Freude beim Erlernen von Techniken des geistigen Arbeitens.
- Die Behandlung kombinatorischer Aufgaben bietet sehr gute Möglichkeiten zur Entwicklung allgemeiner mathematischer Kompetenzen (vgl. Neubert 2003, S. 89/90).

Beispiele für kombinatorische Aufgaben

Wesentliches Anliegen des Buches ist es, dem Leser ein Angebot an kombinatorischen Aufgaben zu unterbreiten. Kombinatorische Aufgaben lassen sich unter verschiedenen Aspekten betrachten. Denken wir nur allein an die vielfältigen Möglichkeiten des Einkleidens von Aufgaben mit gleicher mathematischer Struktur in verschiedene Kontexte. Welche Merkmale zeichnen „gute Aufgaben zur Kombinatorik in der Grundschule" aus? Die folgenden Kriterien sollten berücksichtigt werden:

- Die Aufgaben sollten eine Situation zum Inhalt haben, die die Schüler emotional anspricht.
- Die Aufgaben müssen den Schülern Gelegenheit geben, durch eigenes praktisches Tun entsprechende Erfahrungen zu sammeln und zu ordnen.
- Die Aufgaben sollten den Schülern die Möglichkeit geben, durch unterschiedliche Wege zum Ziel zu kommen. Dabei sollten Lösungen auf unterschiedlichen Repräsentationsebenen möglich sein.
- Durch vielfältige Einkleidungen zu anderen Inhalten sollten Möglichkeiten gesucht werden, kombinatorische Aufgaben in andere Stoffgebiete zu integrieren.
- Die Aufgaben sollten die Entwicklung allgemeiner mathematischer Kompetenzen unterstützen (vgl. Neubert 2003, S. 90).

In diesem Kapitel wird zunächst eine Einstiegsmöglichkeit in die Kombinatorik vorgestellt; dann folgen Aufgaben, die sich an den Aufgabentypen der Fachwissenschaft orientieren. Im folgenden Kapitel sind didaktisch-methodische Überlegungen Kriterien für die Betrachtung weiterer Beispiele.

Ein möglicher Einstieg in die Kombinatorik

Um ein besseres inhaltliches Verständnis für kombinatorische Aufgaben zu erreichen, ist es sinnvoll, mit einer propädeutischen Behandlung im Sinne des Spiralprinzips bereits im Anfangsunterricht oder auch schon vor Schuleintritt zu beginnen. Viele Kinder besitzen schon intuitive Vorkenntnisse zum Lösen kombinatorischer Aufgaben. Da diese meist unterschiedlich entwickelt sind, kommt es darauf an, die Schülerinnen und Schüler entsprechend ihres individuellen Leistungsvermögens differenziert zu fordern. Die beiden im Kapitel „Was ist Kombinatorik?" angesprochenen zentralen Fragestellungen der Kombinatorik kommen im Leben der Kinder und auch bei der Thematisierung anderer Inhalte meist implizit immer wieder vor. Auf mögliche Vernetzungen wird später noch genauer eingegangen.

Für den unmittelbaren Einstieg gibt es Erfahrungen mit verschiedenen Zugängen aus mathematischer Sicht in unterschiedlichen Einkleidungen. Häufig sind dies Permutationsaufgaben. Besonders zum Bauen von Türmen gibt es eine Reihe von Erfahrungen. Hier wird ein typisches Kombinationsproblem der Grundschule (kombinatorischer Aspekt) vorgestellt (vgl. auch Schipper/Ebeling/Dröge 2015, S. 206), bei dem mithilfe von dreigeteilten Bildkarten der Tiere Elefant, Giraffe und Pinguin Erstklässler unterschiedliche Kombinationsmöglichkeiten herausfinden und präsentieren sollten. Die Anzahl der zu findenden Möglichkeiten lässt sich schnell mit der Produktregel berechnen, das war aber nicht das Ziel der Unterrichtssequenz. Vielmehr wurden die Kinder spielerisch an erste kombinatorische Aufgabenstellungen herangeführt (vgl. Baumann/Koch 2011).

Als Einstieg in die Sequenz wurde den Kindern eine Fantasiegeschichte über einen Elefanten vorgelesen, der wünschte, er hätte einen langen Hals wie die Giraffe und Arme wie ein Pinguin, und der sich im Traum in diese Tiere verwandelt, die er wegen ihres Äußeren beneidet. Das Ende der Geschichte blieb zunächst offen, hatte aber Aufforderungscharakter, indem die Kinder sich vorstellten, wie der Elefant jetzt aussehen und wie die Geschichte ausgehen könnte. Zur Unterstützung der kombinatorischen Überlegungen waren Bildkarten mit den Tieren Elefant, Giraffe und Pinguin vorhanden, die jeweils dreigeteilt waren – Kopf, Körper und Beine, sodass den Kindern insgesamt 9 Karten zur Verfügung standen.

Anhand dieser Tierteile, z. B. Giraffenkopf, Pinguinkörper, Elefantenfüße, sollten sie eine Vorstellung des verwandelten Elefanten bekommen. Gemeinsam wurden hierfür erste Beispiele gelegt. Anschließend probierten die Kinder selbstständig und legten verschiedene Vorschläge mit den Tierkarten. Für das Finden möglichst vieler Kombinationen entwickelten die Schülerinnen und Schüler ganz unterschiedliche Vorgehensweisen. Einige gingen schon recht systematisch vor, so nahm beispielsweise ein Junge jeweils die Tierköpfe als Ausgangspunkt für neue Kombinationen. Dadurch konnte er die Systematik des Vertauschens rasch erkennen und bei der Suche nach neuen Möglichkeiten gezielt vorgehen. Als Differenzierung sollten die Kinder versuchen, ihre gefundenen Kombinationen ohne Tierkarten darzustellen. Dazu gab es keine Vorgaben, denn es war uns wichtig zu erkennen, wie ihre Suche nach eigenen Darstellungsformen erfolgt und welche sie wählen. Nach vielfachen Tätigkeiten auf enaktiver und ikonischer Ebene wurde schließlich die symbolische Ebene angesprochen. Es galt, mithilfe der Silben, mit denen die Tierkarten versehen waren, den richtigen Namen für jedes neue Tier zu finden. Auch dazu wurde ein Tier beispielhaft benannt, so entstand aus Giraffe, Pinguin und Elefant ein Gigufant. Danach benannten die Schülerinnen und Schüler selbst ihre gebastelten Tiere und präsentierten sie mit den entstandenen Namen an der Tafel:

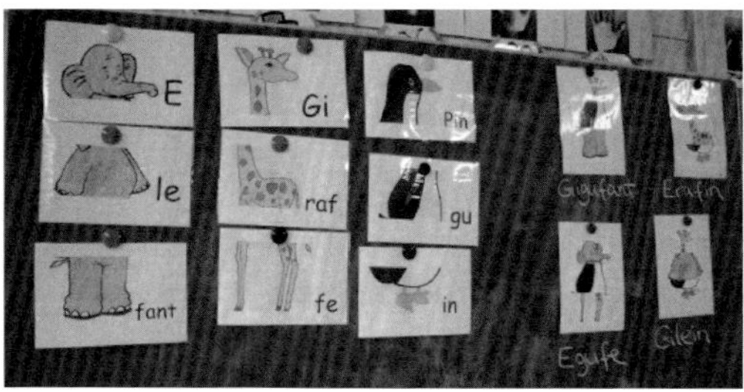

Später wurden alle Tierkombinationen aufgeklebt und in einem Projektbuch mit dem Titel „Das Buch der verrückten Tiere“ gesammelt. Auch wenn sich die Kinder nach dem abschließenden Vorlesen der Geschichte vom Elefanten bis zum Ende eher zur moralischen Botschaft und weniger zu mathematischen Aspekten äußerten, zeigte sich in der Unterrichtssequenz, dass bereits Erstklässler über kombinatorische Grundvorstellungen verfügen. Die Kinder hatten aber noch Schwierigkeiten, eigene Lösungswege anderen verständlich zu beschreiben.

Kartesisches Produkt – Kombinatorischer Aspekt der Multiplikation

Aufgaben zum kartesischen Produkt sind eigentlich fester Bestandteil des Arithmetikunterrichts. Als kombinatorischer Aspekt bezeichnet gehören sie zu den Grundmodellen der Multiplikation (vgl. Padberg/Benz 2011, S. 130–132; Schipper 2009, S. 148). Wenn auch die Einführung der Multiplikation in der Regel über die Vereinigung gleichmächtiger Mengen erfolgt, so sollte doch bei der Vertiefung der Einsichten in die Rechenoperation der kombinatorische Aspekt nicht fehlen. Dabei sollten aber nicht nur formale Textaufgaben zur Anwendung der Multiplikation gelöst werden, sondern auch entsprechende Situationen geschaffen werden, die die Schüler zu kombinatorischen Überlegungen anregen. Als ein Problem der Behandlung des kombinatorischen Aspekts der Multiplikation wird immer wieder genannt, dass nicht das gesamte Kartesische Produkt auf einmal mit Material dargestellt werden kann. Dieser Umstand kann aber andererseits genutzt werden, die Schüler auf Möglichkeiten des Festhaltens gefundener Anordnungen zu orientieren, wie das Legen mit entsprechenden Karten oder das Aufschreiben. Außerdem besteht die Möglichkeit zum Bekanntmachen mit dem Baum- bzw. Strukturdiagramm als möglicher Lösungshilfe bzw. zu einer propädeutischen Behandlung des Allgemeinen Zählprinzips der Kombinatorik (Produktregel).

Im folgenden Beispiel wurde in einer dritten Klasse eine Situation geschaffen, von der anzunehmen war, dass sie nicht nur das mathematische Modell des kartesischen Produkts präsentiert, sondern die Schüler auch emotional anspricht (vgl. Jung/Neubert/Tolle 2000). Die Kinder der Klasse besaßen seit dem Schulanfang zwei Handpuppen – die Katze Pussy und den Hund Strolch –, zu denen sie im Laufe der Schulzeit eine enge Beziehung aufgebaut hatten.

Eine Geschichte mit diesen Handpuppen forderte die Kinder zu kombinatorischen Überlegungen heraus:

> Hallo Klasse 3a!
> Ihr wisst, ich bin Pussys Freund, genau wie ihr, und ihr wisst ja auch, dass Pussy immer so schrecklich friert. Als ich am Donnerstag in Willis Zimmer saß, kam mir eine Idee. Schon ganz früh am Samstagmorgen, als Pussy noch schlief, schlich ich mich leise aus dem Zimmer und lief zum Bahnhof. Um 08.23 Uhr setzte ich mich, nachdem ich eine Fahrkarte gelöst hatte, in den Zug nach Limburg. Schon gleich im ersten Schaufenster sah ich schöne Sachen. Ohne lange zu überlegen, kaufte ich dort Kleider und Hüte für Pussy und eilte dann schnell zum Bahnhof zurück. Auf Bahngleis 2 hielt auch schon der Zug nach Weilburg. Ganz außer Puste kam ich um 10 Uhr wieder in unserem Klassenzimmer an. „Gott sei Dank schläft Pussy noch!" Am Wochenende überlegte ich, wie ich Pussy davon überzeugen kann, dass es viele Möglichkeiten gibt, mit den Kleidungsstücken immer schick und schön auszusehen. Leider finde ich allein keine Lösung. Da ihr aber doch meine Freunde seid und auch die Rechenexperten, so könntet ihr mir doch bitte helfen.
> Euer Strolch

Nach dem Vorlesen der Geschichte versuchten die Schülerinnen und Schüler in Partnerarbeit, möglichst viele verschiedene Möglichkeiten herauszufinden, Pussy unterschiedlich anzuziehen. Den Kindern standen die beiden Kleider und die vier Hüte als Schablonen aus Tonpapier in den entsprechenden Farben zur Verfügung.

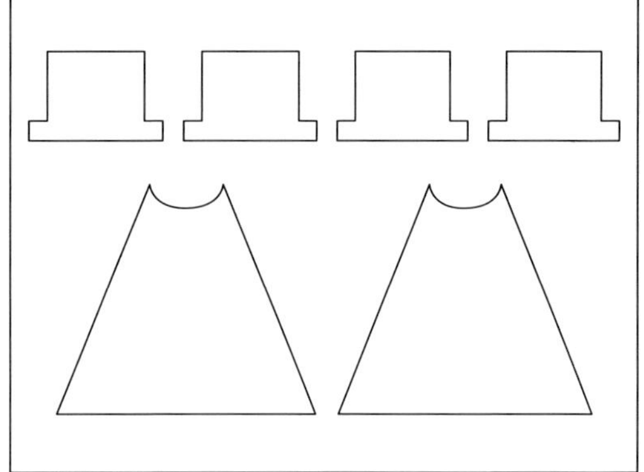

Zusätzlich hatten sie insgesamt zehn Umrisszeichnungen von Pussy, um alle gefundenen Anordnungen gleichzeitig präsentieren zu können.

Nach der Partnerarbeit wurden die gefundenen Möglichkeiten an der Tafel präsentiert. Zwei Fragen standen dabei im Zentrum: die Vollständigkeit aller Lösungen und ein systematisches Vorgehen dabei. Gemeinsam wurde festgestellt, dass man die Möglichkeiten nach Kleidern und nach Hüten sortieren kann, und es entstand das folgende Tafelbild:

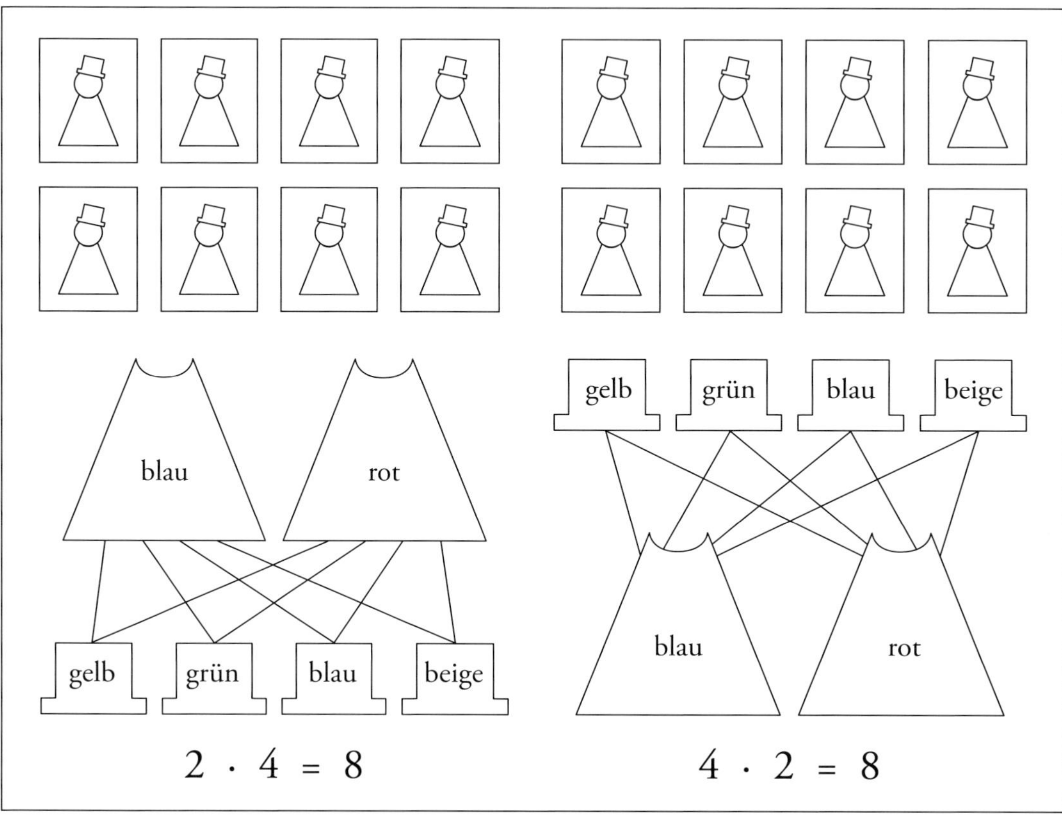

Die Möglichkeit, die Aufgabe mithilfe der Multiplikationsaufgaben 2 · 4 bzw. 4 · 2 zu lösen, wurde erst in der folgenden Stunde thematisiert, in der die Schülerinnen und Schüler auch das Baumdiagramm als Darstellungsmöglichkeit zum Lösen solcher Aufgaben kennenlernten.

Ein anderes Beispiel aus einer dritten Klasse bestand aus zwei aufbauenden Sequenzen mit der gleichen Einkleidung (Körperteile eines Hasen), mit der an Baumdiagramm und Produktregel herangeführt wurde:

Beispiel: Die Hasenfamilie Schwarz-Weiß
Die kleine Nina hat seit kurzer Zeit ganz besondere Freunde gefunden: die Hasenfamilie Schwarz-Weiß. Genau wie bei uns Menschen sieht natürlich kein Hase aus wie der andere. In dieser Hasenfamilie haben alle Hasen entweder weiße oder schwarze Körperteile. Es dauerte eine Weile, bis Nina herausgefunden hatte, wie viele Mitglieder die Hasenfamilie Schwarz-Weiß überhaupt hat. Kannst du es ihr sagen?

Für das Lösen der Aufgabe standen Karten mit Hasen zur Verfügung, die im Sinne der Aufgabenstellung ausgemalt werden konnten. Die Kinder konnten aber auch selbst Hasen zeichnen. Wie erwartet gingen die Schüler relativ unsystematisch an das Lösen der Aufgabe heran, wobei einige Schüler die richtige Anzahl unterschiedlicher Hasen fanden. In einer der folgenden Unterrichtsstunden lernten die Schüler systematische Lösungsmög-

lichkeiten, darunter auch den Aufbau eines Baumdiagramms, kennen.
Als Fortsetzung der ersten Aufgabe wurde eine Aufgabe mit vierstufigen Sequenzen gestellt:

Beispiel: Neues von Nina
Als Nina ihrem Freund Tom die Hasenfamilie Schwarz-Weiß vorstellen will, stellt sie erstaunt fest, dass sie beim letzten Mal einige Hasen übersehen hat. Wenn man sich die Hasen nämlich von hinten ansieht, kann man sie auch noch an ihren Schwänzen unterscheiden. Wie viele Hasen können Tom und Nina jetzt zählen?

Bei einer Reihe von Schülern waren beim Lösen Erkenntnisfortschritte in der Systematik des Vorgehens erkennbar. Allerdings spielte das Baumdiagramm nur eine untergeordnete Rolle. Selbstständige Lösungsversuche in dieser Richtung blieben im Ansatz stecken. Scheinbar war das Verständnis für die Anwendung dieser Lösungsmöglichkeit in der kurzen Zeit noch nicht weit genug entwickelt.

Auch die folgende Einkleidung kann in zwei Sequenzen zerlegt werden, indem zunächst nur alle möglichen Zusammenstellungen aus Trikots und Hosen gefunden werden und Stutzen erst später hinzukommen:

Beispiel: Fußballkleidung fürs Turnier
Für das Fußballturnier braucht die Klasse 3b entsprechende Fußballkleidung. Die Klasse kann wählen zwischen:
3 Trikots in Gelb, Schwarz oder Rot
2 Hosen in Gelb oder Schwarz
2 Paar Stutzen in Schwarz oder Rot
Wie viele unterschiedliche Möglichkeiten hat die Klasse 3b, sich anzukleiden?

Anordnung von Elementen – Permutationen

In der Literatur findet man viele Anregungen und Erfahrungen zu Aufgaben, bei denen Elemente anzuordnen sind (Permutationen ohne Wiederholung). Häufig werden diese als erste Begegnung mit der Kombinatorik vorgestellt.

Einkleidungen für Permutationen

Eine gute Einkleidung dafür ist das Bauen von verschiedenfarbigen Türmen. Es bringt eine Reihe von Vorteilen gegenüber anderen möglichen Einkleidungen:

- Auch jüngere Schüler erfassen den Sachverhalt der Aufgabe leicht, da sie mit dem Bauen von Türmen in der Regel vertraut sind. Es ist allerdings darauf zu achten, dass die Steine genau aufeinandergesetzt werden.
- Die Kinder können selbst handeln.
- Es ist relativ leicht möglich, entsprechendes Material (Steckwürfel) zur Verfügung zu stellen, das es ermöglicht, alle Anordnungen gleichzeitig zu repräsentieren.
- Die Aufgabe lässt unterschiedliche Niveaustufen der Lösung zu, so beispielsweise das Finden verschiedener Anzahlen an Möglichkeiten, Strategien, Darstellungen (vgl. Neubert 2003, S. 91).

Beispiel aus Klasse 1:
Versucht so viele verschiedene Türme wie möglich mit drei Etagen zu bauen. Dabei müsst ihr beachten, dass jede der drei Farben in jedem Turm einmal vorkommt.

Die Kinder erhielten Bausteine in drei verschiedenen Farben. Es kam zunächst darauf an, dass die Schüler die Aufgabe verstanden und verschiedene Türme bauten. (Welche Möglichkeiten findest du?) Auf die Frage nach der Gesamtanzahl möglicher Türme wurde bewusst noch verzichtet. Während es für manche Schüler schon eine große Leistung war, einige unterschiedliche Türme zu bauen und das Anliegen dieser kombinatorischen Aufgabe zu erfassen, fühlten sich andere erst dann richtig gefordert, wenn sie alle verschiedenen Türme gefunden hatten. (Wie viele Möglichkeiten gibt es?) Das Finden einer Strategie zum Erfassen einer vollständigen Lösung fiel den Erstklässlern allerdings noch schwer. Fast alle fanden zwar schließlich die sechs verschiedenen Möglichkeiten, aber im Lösungsprozess wurden gleiche Türme mehrfach gebaut und es blieb auch die Frage offen, ob alle Möglichkeiten gefunden waren.

Magdalena Werner (2011) untersuchte, wie Schülerinnen und Schüler der Klassen 1 bis 4 mit dieser kombinatorischen Aufgabe umgingen:

Beispiel für eine Knobelaufgabe:
Türme bauen aus 3 Bausteinen
Mit 3 Bausteinen – einem blauen, einem roten und einem gelben – kann man unterschiedliche Türme bauen, indem man die drei Farben unterschiedlich anordnet. Es müssen für jeden Turm 1 blauer, 1 gelber und 1 roter Baustein verwendet werden. Notiere, welche Türme du gefunden hast.
Wie viele unterschiedliche Türme findest du?

In den vier Klassenstufen gelang es fast allen Schülerinnen und Schülern, sechs verschiedene Möglichkeiten zu finden. Ebenfalls nutzten sie beim Konstruieren schon Strategien wie das Tachometerzählprinzip. Unterschiede zwischen den verschiedenen Klassenstufen gab es beim Umgang mit dem Material sowie beim Darstellen der Türme auf dem Arbeitsblatt. Je älter die Kinder waren, desto vielfältigere Vorgehensweisen ließen sich beobachten. Viertklässler gingen an das Lösen dieser Aufgabe planmäßiger heran. Sie benötigten weniger Versuche zum Finden aller Möglichkeiten und waren sich auch wesentlich sicherer, alle gefunden zu haben. Erstklässler arbeiteten ausschließlich mit Material. Ab Klasse 2 ist eine mediale Differenzierung möglich. In Klasse 4 bewegten sich die Kinder auf der ikonischen oder symbolischen Ebene.

Das Bauen von Türmen ist auch gut geeignet, um die Anzahl der anzuordnenden Elemente schrittweise zu vergrößern. Da die meisten Schüler anfangs recht unsystematisch an das Finden der Anordnungen herangehen, andererseits aber ab etwa zehn verschiedenen Anordnungen den Überblick über ihr Vorgehen verlieren, kann durch die Arbeit am gleichen Material ein Impuls zum Herausfinden systematischer Lösungsstrategien beim Anordnen von Türmen erfolgen.

Schülern einer vierten Klasse, ohne Vorkenntnisse zur Kombinatorik aus dem Unterricht, wurden zwei Aufgaben gestellt, bei denen in der ersten Türme aus drei Steinen, in der zweiten aus vier Steinen gebaut werden sollten:

Beispiel 1:
Katrin hat blaue, rote und gelbe Bausteine. Sie will Türme aus drei Bausteinen bauen. Jeder Turm soll aus den drei Farben bestehen. Die Farben sollen in unterschiedlicher Reihenfolge vorkommen.
Wie viele verschiedene Türme kann Katrin bauen?

Erst nachdem die Schülerinnen und Schüler mit der Lösung der ersten Aufgabe fertig waren, wurde ihnen die zweite präsentiert:

Beispiel 2:
Stellt euch vor, Katrin hätte blaue, rote, gelbe und weiße Bausteine. Sie möchte Türme aus den vier Farben bauen. Die Farben sollen in unterschiedlicher Reihenfolge vorkommen.
Wie viele Türme kann Katrin jetzt bauen?

Da von den Schülern noch kein systematisches Vorgehen beim Lösen erwartet wurde, bekamen sie blaue, rote und gelbe Bausteine sowie für die zweite Aufgabe auch weiße Steine. Außerdem standen Bleistift, farbige Wachsmalkreiden und Papier zur Verfügung. Dadurch sollten sie im Sinne der Versuch-Irrtum-Methode die Möglichkeit haben, alle Türme zu bauen. Stifte und Papier sollten den Schülern gerade bei der Bearbeitung der zweiten Aufgabe verschiedene Darstellungen ihrer Lösungen ermöglichen. Schon vorhandene systematische Vorgehensweisen konnten festgehalten oder ein Bauprogramm entworfen werden, um beim Bau der möglichen 24 Türme den Überblick zu behalten. Auch das Zeichnen der Türme an Stelle des Bauens war so möglich.
Während das Bauen der sechs Türme aus drei Steinen kaum Schwierigkeiten bereitete, konnten viele Schüler bei der zweiten Aufgabe ohne Anleitung noch nicht erfassen, wie viele Möglichkeiten es gibt. Einige Schüler gingen aber schon systematisch vor. Ein Kind hielt seine Strategie auch schriftlich fest:

Die weißen Bausteine müssten ganz unten sein und die an der Stelle danach müssten immer vertauscht sein. Nachprüfen kann man es, indem man guckt, ob 2 rote, 2 blaue und 2 gelbe Steine oben sind. Das ergibt einen Sechserblock.
Einen nächsten Sechserblock bekommst du, indem du die weißen Steine eine Stelle höher setzt. Prüfen kannst du es, indem du guckst, ob 2 rote, 2 gelbe und 2 blaue Steine oben sind.
Einen nächsten Sechserblock erhältst du, indem du die weißen Bausteine noch eine Stelle höher setzt. Prüfen kannst du es, indem du guckst, ob 2 rote, 2 blaue und 2 gelbe Steine oben sind. Wieder ergibt es einen Sechserblock.
Es gibt noch eine Möglichkeit, einen Sechserblock zu bauen, indem du die weißen Steine nach ganz oben baust. Prüfen kannst du es, indem du guckst, ob ganz unten 2 blaue, 2 gelbe und 2 rote Steine sind. Jetzt hast du 24 Türme.

Im Sinne der Differenzierung lässt sich die „Turmaufgabe“ auch gut mit weiterführenden Fragestellungen verknüpfen. In vierten Klassen wurde neben der „Turmaufgabe“ noch eine weitere mit gleicher mathematischer Struktur gestellt:

Beispiel 1:
Christian hat rote, blaue und gelbe Bausteine. Er möchte Türme aus 3 Bausteinen bauen. Jeder Turm soll aus 3 verschiedenen Farben bestehen. Die Farben sollen in unterschiedlicher Reihenfolge vorkommen.
Wie viele verschiedene Türme kann er bauen?

Beispiel 2:
Kathrin und Sandra haben sich zu einem Spielenachmittag verabredet. Sie haben sich auf 3 Spiele geeinigt: Domino – Mensch, ärgere Dich nicht – Vier gewinnt. Sie wollen die drei Spiele nacheinander spielen.
Wie viele Möglichkeiten gibt es, die drei Spiele in unterschiedlicher Reihenfolge zu spielen?

Zunächst sollten die Schüler wieder möglichst alle Anordnungen für Türme bzw. für mögliche Reihenfolgen der Spiele finden. Es wurde aber auch beobachtet und erfragt, wie die Schüler mit der „Strukturgleichheit" der Aufgaben umgingen. Viele Kinder erkannten, dass es Zusammenhänge zwischen den Aufgaben gibt, allerdings zu unterschiedlichen Zeitpunkten und mit unterschiedlicher Ausprägung. Ein Schüler machte bereits nach dem Vorlesen der beiden Aufgabenstellungen die Bemerkung: „Ist eigentlich genau dasselbe!" Weitere Schüler schlugen ihren Partnern nach dem leisen Durchlesen der zweiten Aufgabe vor, genauso wie bei der ersten Aufgabe vorzugehen. Andere bemerkten beim Bearbeiten der zweiten Aufgabenstellung, dass die beiden Aufgaben die gleiche mathematische Struktur haben und nur in unterschiedliche Sachverhalte eingekleidet sind. Beim Befragen der Kinder, woran sie Gemeinsamkeiten zwischen den beiden Aufgaben erkannt haben, wurden wiederum unterschiedliche Kriterien genannt. Einige erläuterten, dass sie beim Bauen der Türme und beim Legen der Reihenfolgen, in denen die drei Spiele gespielt werden können, genauso vorgegangen sind.

Um leistungsstarke Schüler besonders zu fordern, sollten sich diese außerdem eine eigene Aufgabe überlegen, die die gleiche mathematische Struktur wie die beiden Aufgaben hat:

Beispiel 3:
Stellt euch vor, es soll noch eine dritte Aufgabe auf das Blatt, die zu den ersten beiden passt. Die dürft ihr selbst auswählen.

Die verfassten Aufgaben waren recht unterschiedlich. Einige Schüler orientierten sich erwartungsgemäß relativ stark an den beiden Ausgangsaufgaben und bildeten Rechengeschichten, in denen es um die Anordnung von Farben geht:

Beispiel 1: Regenbogen
Ein Kind hat blaue, rote und gelbe Stifte. Es möchte mithilfe dieser drei Farben unterschiedlich aussehende Regenbogen malen.
Wie viele verschiedene Regenbogen kann das Kind mit seinen Stiften malen?

Andere betrachteten nicht die räumliche Anordnung, sondern die zeitliche Reihenfolge der Verwendung der Farben:

Beispiel 2: Diskothek
In einer Diskothek sind an der Decke drei verschiedenfarbige Strahler befestigt. Die Strahler sind gelb, blau und rot. Sie sollen nacheinander kurz aufleuchten und nach jedem Durchgang die Reihenfolge wechseln.
In welcher Reihenfolge können die drei Strahler aufleuchten?

Auch andere Kontexte wurden für die Rechengeschichten genutzt, wobei einige Kinder ihre Fantasie recht stark spielen ließen:

Beispiel 3: Grundstück bebauen
Herr Meyer hat ein eigenes Grundstück. Er möchte auf diesem Grundstück ein Haus und eine Turnhalle bauen und außerdem einen Garten anlegen.
In welcher Reihenfolge kann er die drei Vorhaben verwirklichen?

Weitere Einkleidungen für Permutationen

Permutationsaufgaben lassen sich natürlich auch in andere Einkleidungen bringen, bei denen Dinge bzw. Personen in eine räumliche oder zeitliche Reihenfolge gebracht werden sollen. Die Anzahl der anzuordnenden Gegenstände kann beliebig vergrößert werden. Allerdings wird es für mehr als drei Dinge bei unstrukturiertem Vorgehen schwierig, den Überblick zu behalten. Dies kann natürlich auch zum Finden von systematischen Strategien anregen.

Beispiel 1: Fahnen basteln
Petra bastelt Fahnen mit den drei Farben Rot, Gelb und Blau. Sie benutzt jede Farbe pro Fahne nur einmal.
Wie viele verschiedene Fahnen kann sie basteln?

Vor dem Lösen dieser Aufgabe sollte geklärt werden, dass es nur um Fahnen aus drei parallelen Streifen geht. Mit ihrer Kreativität finden Kinder ansonsten auch Fahnen mit anderen Lagebeziehungen zwischen den Streifen.

Weitere mögliche Einkleidungen sind:

Beispiel 2: Auf der Bank sitzen
Anna, Jana und Clara möchten sich nebeneinander auf eine Bank setzen.
Sie überlegen, welche Möglichkeiten es gibt, sich in unterschiedlicher Reihenfolge zu setzen.
Versuche, alle Möglichkeiten zu finden.

Beispiel 3: Staffellauf
Jens, Moritz, Nina und Anna bilden eine Mannschaft für den Staffellauf. Sie überlegen, in welcher Reihenfolge sie laufen können.
Wie viele Möglichkeiten gibt es?

Eine für den Mathematikunterricht naheliegende Einkleidung besteht darin, verschiedene Zahlen aus vorgegebenen Ziffern und Angabe entsprechender Bedingungen zu bilden. Solche Aufgaben können ab Klasse 3 in Verbindung mit der Erweiterung der Zahlbereiche eingesetzt werden. Im Unterschied zu den vorhergehenden Aufgaben, die zum Lösen konkrete Handlungen auf enaktiver Ebene ermöglichen, erfolgt das Finden von Zahlenfolgen auf ikonischer Ebene. Durch das Bereitstellen von genügend Ziffernkarten ist aber zumindest als Differenzierung ein Lösungsprozess auf enaktiver Ebene möglich.

Eine Aufgabe, die der kombinatorischen Figur „Permutation ohne Wiederholung" zuzuordnen ist, ist die folgende:

Beispiel 4: Dreistellige Zahlen bilden
Wie viele verschiedene dreistellige Zahlen kannst du aus den Ziffern 1, 2 und 5 bilden?

Weitere Aufgaben zum Bilden von Zahlen aus vorgegebenen Ziffern mit unterschiedlichem Schwierigkeitsgrad werden im Kapitel 3 im Abschnitt zur Verbindung von Kombinatorik mit der Leitidee „Zahlen und Operationen“ thematisiert.
Auf Kinder motivierender wirken vermutlich Aufgaben mit gleichem mathematischen Inhalt, die in Kontexte eingebunden sind, die zum Knobeln und Forschen herausfordern wie das Finden von Kombinationen am Zahlenschloss oder von Telefonnummern.

Beispiel 5: Zahlenschloss
Peter hat sich ein Fahrrad ausgeliehen, mit dem er zum Schwimmbad fahren möchte. Das Fahrrad ist mit einem Zahlenschloss gesichert, an dem drei Ziffern eingestellt werden müssen. Nach dem Besuch des Schwimmbads stellt er erschrocken fest, dass er nicht mehr weiß, mit welcher Zahlenfolge sich das Schloss öffnen lässt.
Peter erinnert sich nur noch an die Zahlen 4, 7 und 9. Ihre Reihenfolge hat er vergessen. Wie oft muss er höchstens probieren, bis sein Schloss mit Sicherheit aufgeht?

Beispiel 6: Telefonnummer
Kai möchte seine Freundin Tina anrufen. Die Telefonnummer beginnt mit der Zahl 79. Die restlichen Zahlen lauten 5, 8 und 1 und keine dieser Zahlen kommt doppelt vor. Die Reihenfolge der Zahlen hat Kai jedoch vergessen!
Wie viele verschiedene Möglichkeiten gibt es für Tinas Telefonnummer?

Diese Aufgabe erscheint zunächst etwas komplexer, da die gesuchten Telefonnummern fünfstellig sind. Da die ersten beiden Ziffern 7 und 9 für alle Telefonnummern konstant sind, bleiben als Möglichkeiten der Anordnung auch wieder nur die sechs Möglichkeiten der unterschiedlichen Anordnung der Ziffern 5, 8 und 1.

Die beiden abschließenden Beispiele zu Anordnungen bereiten den Grundschülern durch den ausgewählten Sachverhalt sicher viel Freude, sind aber schon allein durch die Anzahl von 4 Tieren recht anspruchsvoll:

Beispiel 7: Das Spiel der Tiere
Die Maus, die Katze, die Schnecke und der Rabe wollen auf einer Mauer entlangbalancieren. Zusammen überlegen sie, wer an erster, zweiter, dritter und vierter Stelle gehen darf.
Überlege dir, in welcher Reihenfolge die Tiere hintereinander auf der Mauer marschieren können. Wie viele verschiedene Reihenfolgen gibt es?

Um den Schülerinnen und Schülern das Lösen der Aufgabe auf enaktiver Ebene zu ermöglichen, können entsprechende Plüschtiere zur Verfügung gestellt werden. Im Unterschied zum Bauen von Türmen wird aber jedes Tier vermutlich keinesfalls so oft vorhanden sein, dass alle Anordnungen unabhängig voneinander gebildet werden können, und gefundene Anordnungen müssen wieder auseinandergenommen werden. Das kann Anlass sein, die Schülerinnen und Schüler auf die Notwendigkeit der Notation der gefundenen Anordnungen hinzuweisen, damit sie nicht vergessen werden. Natürlich können auch Schilder mit den Namen der Tiere in so großer Anzahl zur Verfügung gestellt werden, dass alle Anordnungen gleichzeitig gelegt werden können. Durch das Einfügen von Zusatzbedingungen, die sich aus dem Sachverhalt ergeben, lässt sich der Schwierigkeitsgrad der Aufgabe noch erhöhen:

Beispiel 8: Die Tierkarawane
Die Maus, die Katze, die Schnecke und der Rabe wollen hintereinander auf einer Mauer entlangbalancieren. Zusammen überlegen sie, wer an erster, zweiter, dritter und vierter Stelle gehen darf. Sie sind sich einig, dass die Schnecke nicht am Schluss der Karawane gehen sollte, da sie am langsamsten ist und sonst verloren geht. Die Maus möchte nicht vor der Katze laufen, weil die ihr sonst auf den Schwanz tritt. Die Katze möchte nicht, dass der Rabe hinter ihr geht, weil er ihr immer mit seinem spitzen Schnabel in den Po zwickt.
Wie viele Möglichkeiten gibt es für die Tiere, hintereinander auf der Mauer entlangzumarschieren?

Die Anzahl von 11 Möglichkeiten ist für einige Kinder schon zu groß, um den Überblick über die Gesamtstruktur der Aufgabe zu behalten. Besonders für diese Aufgabe erwies sich die Partnerarbeit als vorteilhaft, indem ein Schüler die Tiere in einer Reihenfolge aufstellte und der andere diese notierte und überprüfte, ob die neu gefundene Anordnung nicht schon vorher bestimmt wurde. Wenn das Baumdiagramm als Lösungshilfe bereits bekannt ist, so kann dieses genutzt werden, um ungünstige Wege auszuschließen.
Zwei prinzipielle Lösungswege sind denkbar: Die Möglichkeiten werden wie eben beschrieben aufgelistet.
Es werden die 24 Anordnungen ohne Zusatzbedingungen möglichst systematisch aufgelistet. Die Anordnungen, die aufgrund der Zusatzbedingungen nicht möglich sind, werden gestrichen.

Auswahl von Elementen – Kombinationen und Variationen

Auch Aufgaben, bei denen nicht nur Elemente einer Menge umgeordnet werden (Permutationen), sondern aus einer Menge Teilmengen ausgewählt werden müssen, sollten schon in der Grundschule ihren Platz haben. Allerdings scheint das Lösen solcher Aufgaben Grundschülern schwerer zu fallen als Aufgaben, bei denen alle Elemente verwendet und angeordnet werden. Für erste Aufgaben ist die Auswahl von zwei Elementen zu empfehlen.

Klasse 2:

Beispiel 1: Schlittenrennen
Anna, Marie, Felix und Stefan wollen mit zwei Schlitten Rennen fahren. Auf jedem Schlitten sitzt ein Kind.
Welche Rennen müssen stattfinden, damit jedes Kind gegen jedes Kind gefahren ist?

Klasse 4:

Beispiel 2: Tischtennisturnier
Anne, Benni, Claudia, Daniel, Eva und Florian treffen sich oft zum Tischtennisspielen. Sie kommen auf die Idee, ein Tischtennisturnier zu veranstalten. Dabei soll jeder gegen jeden spielen.
Die Kinder überlegen, wie viele Spiele durchgeführt werden müssen, damit auch jedes Kind gegen jedes andere Kind Tischtennis spielt. Sie kommen aber zu keiner Lösung. Könnt ihr ihnen sagen, wie viele Spiele es sind?
Außerdem würden sie im Anschluss gerne noch eine Rückspielrunde machen.
Wie viele Spiele sind es dann zusammen?

Bei der Auswahl der Sportart sollte man sich an den Interessen der Kinder orientieren und kann so für zusätzliche Motivation sorgen. Das Beispiel gehört auch zu den wenigen, bei denen die Anzahl aller Möglichkeiten zur Lösung eines „echten" Sachproblems benötigt wird. Außerdem lässt die Aufgabe verschiedene Lösungswege zu. So können die Kinder mit Namens- bzw. Gesichterkärtchen der Spielteilnehmer die entsprechenden Spielpaarungen legen und zählen, mit einer Tabelle arbeiten oder auch rechnerische Strategien anwenden. In unserer Untersuchung überlegten sich einige Kinder beim Lösen der ersten Teilaufgabe, dass jeder der sechs Teilnehmer gegen fünf andere spielt und rechneten 6 · 5. Dabei übersahen sie allerdings, dass jede Spielpaarung zweimal vorkommt und lösten eigentlich bereits die zweite Teilaufgabe.

Nach einigen Wochen wurden die gleichen Kinder mit einer zweiten Aufgabe konfrontiert, bei der die Teilnehmerzahl am Tischtennisturnier um 1 erhöht wurde:

Beispiel 3: Tischtennisturnier – Variante

Gabi kommt nun auch zum Tischtennisspielen. Jetzt wollen alle Kinder zusammen ein Tischtennisturnier veranstalten. Dabei soll wieder jeder gegen jeden spielen.

Die Kinder überlegen, wie viele Spiele sie nun durchführen müssen, damit auch jedes Kind gegen jedes andere Kind Tischtennis spielt. Sie kommen wieder zu keiner Lösung. Könnt ihr ihnen sagen, wie viele Spiele es sind?

Wie viele Spiele sind es zusammen mit der Rückspielrunde, die sie auch noch machen wollen?

Beim Lösen dieser Aufgabe war neben den von der ersten Aufgabe bekannten Strategien bei einem Mädchen auch ein rekursives Vorgehen zu beobachten: „Ich hab beim letzten Ergebnis 15 und dann plus 6, weil ja einer dazugekommen ist und der muss gegen die anderen 6 spielen."

Auch das Bauen von Türmen kann als Kontext für Aufgaben, bei denen für eine Anordnung Elemente aus einer Menge ausgewählt werden, genutzt werden. Dieser Kontext ist wiederum gut geeignet, eine schrittweise Vergrößerung der Auswahl von Elementen, die aus einer Menge ausgewählt werden, vorzunehmen: Zunächst werden Türme aus zwei Steinen gebaut, dann aus drei. Die Anzahl der zur Verfügung stehenden Farben sollte dabei zunächst jeweils größer sein als die Anzahl der Steine für einen Turm. Außerdem sollte auch noch nicht zugelassen werden, dass Steine der gleichen Farbe zum Bauen eines Turms verwendet werden. In einer dritten Klasse stellten wir folgende Aufgabe:

Beispiel 4: Türme bauen

Du hast rote, schwarze, gelbe und blaue Bausteine. Baue Türme aus drei Bausteinen!

Wichtig: Jeder Turm soll aus drei verschiedenen Farben bestehen. Die Farben sollen in unterschiedlicher Reihenfolge vorkommen.

Wie viele verschiedene Türme kannst du bauen?

Was fiel beim Lösungsprozess auf?

Den Drittklässlern, die keine Vorkenntnisse zur Kombinatorik hatten, fehlte eine durchgehende Strategie, um alle 24 Möglichkeiten zu finden. Für ein unsystematisches Bauen von Türmen war die Anzahl zu groß, um den nötigen Überblick zu bewahren.

Das am häufigsten genannte Ergebnis war 4. Betrachtet man das Vorgehen (und teilweise auch die Begründungen), so fällt Folgendes auf: Die Schüler bauten die vier möglichen

Türme, indem sie im Sinne einer Kombination ohne Wiederholung (Zusammenstellen aller Teilmengen aus drei Farben) für ihre Türme jeweils drei von vier möglichen Farben auswählten. Sie beachteten trotz Hinweis auf dem Arbeitsblatt nicht, dass durch Vertauschung der Reihenfolge der gewählten Farben weitere Türme entstehen können. Bei anderen Schülern, die mehr als vier Türme bauten, war zu beobachten, dass sie die ersten vier Türme ebenfalls nach dieser Strategie bauten. Als Einstieg in die Kombinatorik ist diese Aufgabe zu anspruchsvoll. Nach einer vorherigen Behandlung des Bauens von Türmen aus drei Steinen unter Verwendung von drei Farben und dem Kennenlernen entsprechender Ordnungsmöglichkeiten kann diese aber als Aufgabe mit höherem Anspruchsniveau genutzt werden.
Selbstverständlich ist es auch möglich, die weiteren für Permutationen genutzten Einkleidungen für Aufgaben zur Auswahl von Elementen zu nutzen.

Beispiel 5: Fahnen basteln
Bostan und Stefan wollen für ihre Klassenfeier Fahnen basteln. Alle Fahnen sollen aus drei Streifen bestehen.
Bostan will für seine Fahnen nur zwei Farben benutzen: Gelb und Blau. Aber er benutzt die Farben mehrfach.
Stefan bastelt die Fahnen aus den drei Farben Rot, Gelb und Blau. Er will die Farben manchmal auch mehrfach benutzen.
Wie viele verschiedene Fahnen kann jeder der beiden basteln?

Beispiel 6: Zahlenschloss
Daniela hat sich ein Fahrrad ausgeliehen, mit dem sie zum Schwimmbad fährt. Das Fahrrad ist mit einem Zahlenschloss gesichert, an dem drei Zahlen eingestellt werden müssen. Nach dem Besuch des Schwimmbads stellt sie erschrocken fest, dass sie nicht mehr weiß, mit welcher Zahlenfolge sich die Schloss öffnen lässt.
Daniela weiß nur noch, dass bei ihrem Schloss die Zahlen 2 und 5 vorkommen, eine davon doppelt. Wie oft muss sie höchstens probieren, bis ihr Schloss mit Sicherheit aufgeht?

Bei der Aufgabe „Eier färben" ist zunächst zu entscheiden, ob die Anordnung eine Rolle spielt:

Beispiel 7: Eier färben
Für das Färben von Eiern stehen drei verschiedene Farben zur Verfügung. Es sollen immer 4 Eier in ein Nest gelegt werden. Wie viele verschiedene Nester kann man finden?

Im Allgemeinen wird diese Aufgabe vermutlich als Kombination mit Wiederholung aufgefasst. Verwendet man Material, bei dem die Eier einen festen Platz haben, wäre auch die Auffassung als Variation mit Wiederholung denkbar.

Literatur

Bauersfeld H. u. a. (1973): alef 3, Handbuch zum Lehrgang, Teil 2. Hannover: Schroedel.

Baumann, C./Koch, K. (2011): Aus Elefant, Giraffe und Pinguin werden Gigufanten und Egufen. Erstklässler lösen kombinatorische Aufgabenstellungen. – In: Grundschulunterricht Mathematik 58(4), S. 18–21.

Engel, A./Varga, T./Walser, W. (1974): Zufall oder Strategie? Spiele zur Kombinatorik und Wahrscheinlichkeitsrechnung auf der Primarstufe. Stuttgart: Klett.

English, L. D. (1991): Young Children's Combinatoric Strategies. In: Educational Studies in Mathematics, Heft 22, S. 451–474.

Freudenthal, H. (1973): Tendenzen zur Mathematik in der Grundschule. Didaktik der Mathematik 1 (1), 2–11.

Herbart F. (1841): Umriss pädagogischer Vorlesungen. Zweite vermehrte Ausgabe. Göttingen: Druck und Verlag der Dieterichschen Buchhandlung.

Hoffmann, A. (2003): Vergleich der kombinatorischen Problemlösefähigkeit. Hildesheim/Berlin: Franzbecker.

Höveler, K. (2014): Das Lösen kombinatorischer Anzahlbestimmungsprobleme. Eine Untersuchung zu den Strukturierungs- und Zählstrategien von Drittklässlern. Dortmund: TU Dortmund.

Inhelder, B./Piaget, J. (1958): The Growth of Logical Thinking. From Childhood to Adolescence. o.A.: Basic Books, Inc., Publishers.

Jung, M./Neubert, B./Tolle, M. (2000): Kleider und Hüte für Pussy. Sache – Wort – Zahl 28 (34), 21–24.

Klunter, M./Raudies, M./Veith, U. (2010): Daten, Zufall und Wahrscheinlichkeit. Unterrichtsideen zum Beobachten und Kombinieren in den Klassen 1 und 2. Braunschweig: Bildungshaus Schulbuchverlage.

Klunter, M./Raudies, M./Veith, U. (2011): Daten, Zufall und Wahrscheinlichkeit. Unterrichtsideen zum Beobachten und Kombinieren in den Klassen 3 und 4. Braunschweig: Bildungshaus Schulbuchverlage.

Kütting, H. (1994): Didaktik der Stochastik. Mannheim/Leipzig/Wien/Zürich: BI-Wissenschaftsverlag.

Lindenau, V./Schindler, M. (1977): Wahrscheinlichkeitsrechnung in der Primarstufe und Sekundarstufe I. Bad Heilbrunn: Klinkhardt.

Neubert, B. (2003): Gute Aufgaben zur Kombinatorik in der Grundschule. – In: Ruwisch, Silke/Peter-Koop, Andrea (Hrsg.): Gute Aufgaben im Mathematikunterricht. Offenburg: Mildenberger, S. 89–101.

Padberg, F./ Benz, C. (2011): Didaktik der Arithmetik für Lehrerausbildung und Lehrerfortbildung. 4. erweiterte, stark überarbeitete Auflage. München: Elsevier.

Panknin, M. (1972): Kombinatorik, Wahrscheinlichkeit und Statistik für die Klassen 1–6. Bochum: Kamp.

Schipper, W. (2009): Handbuch für den Mathematikunterricht an Grundschulen. Braunschweig: Bildungshaus Schulbuchverlage.

Schipper, W./Ebeling, A./Dröge, R. (2015): Handbuch für den Mathematikunterricht 1. Schuljahr. Braunschweig: Bildungshaus Schulbuchverlage.

Sekretariat der Ständigen Konferenz der Kultusminister der Länder der Bundesrepublik Deutschland (2005): Bildungsstandards im Fach Mathematik für den Primarbereich. Beschluss vom 15.10.2004. München.

Vassne-Varga, E. (1995): Beispiele zur Kombinatorik an ungarischen Grundschulen. Mathematische Unterrichtspraxis 16 (1), 13–20.

Werner, M. (2011): Die Turmaufgabe. Wie gehen Kinder unterschiedlicher Jahrgangsstufen mit derselben kombinatorischen Aufgabenstellung um? In: Grundschulunterricht Mathematik 58(4), S. 15–17.

Winter, H. (1976): Erfahrungen zur Stochastik in der Grundschule (Klasse 1–6). Didaktik der Mathematik 4 (1), 22-37.

Bernd Neubert

Kombinatorik im Mathematikunterricht der Grundschule – Didaktisch-methodische Überlegungen

In beiden vorangehenden Kapiteln wurden Aufgaben zur Kombinatorik vorwiegend aus dem Blickwinkel fachlicher Strukturen betrachtet. In diesem Kapitel sind didaktisch-methodische Aspekte Kriterien für die Einordnung von kombinatorischen Aufgaben in den Mathematikunterricht der Grundschule:

- die Verbindung von Kombinatorik mit anderen Leitideen,
- Lösungsstrategien und Darstellungsmöglichkeiten,
- Umsetzung im Unterricht,
- Förderung allgemeiner mathematischer Kompetenzen durch Kombinatorik sowie
- Möglichkeiten der Differenzierung bei der Arbeit mit kombinatorischen Aufgaben.

Verbindung von Kombinatorik mit anderen Unterrichtsinhalten

Kombinatorisches Denken durchzieht viele Teilgebiete der Mathematik und auch anderer Fächer. Deshalb sollte nach Möglichkeiten gesucht werden, kombinatorische Überlegungen in die Thematisierung aller Leitideen und auch in andere Fächer zu integrieren. Prinzipielle Einigkeit besteht darin, dass Kombinatorik kein eigenständiges Stoffgebiet in der Grundschule darstellen, sondern primär als ein Aspekt (als Unterrichtsprinzip) den gesamten Mathematikunterricht durchziehen sollte (vgl. u. a. Winter 1976, S. 33).

Die folgenden Beispiele sind als Anregungen zu verstehen, erheben keinen Anspruch auf Vollständigkeit. Es werden Möglichkeiten zur Integration kombinatorischer Fragestellungen in andere Inhaltsfelder des Mathematikunterrichts und exemplarisch auch in die Fächer Sport, Musik und Deutsch gezeigt.

Zahlen und Operationen: Kombinatorik und Arithmetik

Die Verbindung zur Leitidee „Zahlen und Operationen“ ist insofern naheliegend, da kombinatorische Aufgaben selbst Bestandteil dieser Leitidee sind. Auf den kombinatorischen Aspekt der Multiplikation wurde bereits an anderer Stelle eingegangen. Bei unseren Anregungen zur Integration von kombinatorischen Überlegungen greifen wir zwei Bereiche auf: Übungen im Anfangsunterricht und Bilden von Zahlen.

Zahlzerlegungen

Ein Schwerpunkt des arithmetischen Anfangsunterrichts in Vorbereitung auf die Einführung der Addition sind Zahlzerlegungen. Häufig werden Materialien genutzt, bei denen Zahlzerlegungen mithilfe des Zufalls erzeugt werden: Werfen von Wendeplättchen oder Verwenden von Schüttelboxen. Auch in Zahlenhäusern werden verschiedene Möglichkeiten der Zerlegung einer Zahl untersucht.

Durch entsprechende Fragestellungen entstehen kombinatorische Aufgaben.

Beispiel 1: Wendeplättchen werfen
Wirf 10 Wendeplättchen.
Bilde dazu eine Rechenaufgabe.
Wirf noch einmal 10 Wendeplättchen.
Welche Rechenaufgabe kannst du jetzt bilden?

Mit dem Auftrag „Findet verschiedene Möglichkeiten." wird das erste Ziel der Kombinatorik angesprochen. Mit dem Auftrag „Finde alle Möglichkeiten." soll auch das zweite Ziel der Kombinatorik angestrebt werden.

Für Schüttelboxen und Zahlenhäuser findet man entsprechende Aufgaben auch in manchen Schulbüchern.

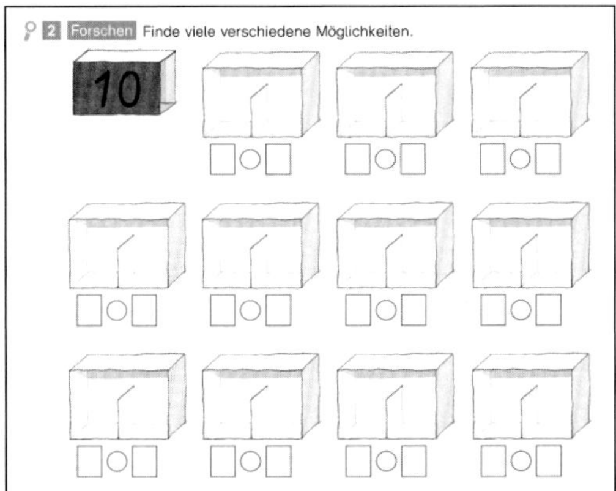

Schüttelboxen, Denken und Rechnen 1

Zahlenhäuser, Denken und Rechnen 1

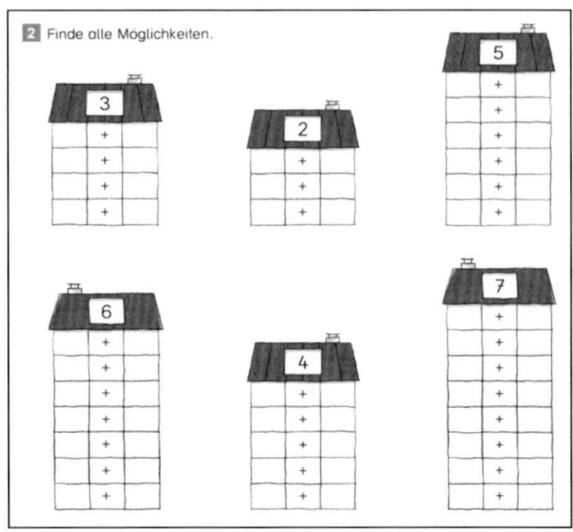

Zahlenhäuser, Denken und Rechnen 1

Kombinatorische Überlegungen zu Zahlzerlegungen können auch mit Übungen zum Rechendreieck verbunden werden.

Beispiel 2:

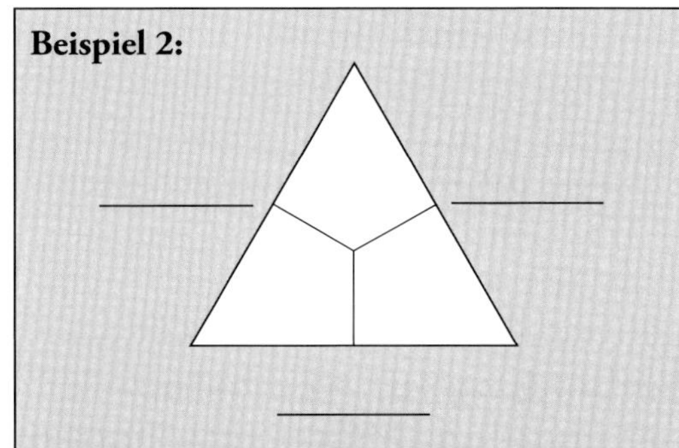

Lege 10 Plättchen auf die Felder des Rechendreiecks.
Schreibe dann die entsprechenden Zahlen in die Innenfelder.
Fülle die Außenfelder aus.
Lege die Plättchen um.
Finde möglichst alle Möglichkeiten.

Die Lösung der Aufgabe entspricht der Suche nach allen Zerlegungen der Zahl 10 in drei Summanden. Durch die Verwendung der Plättchen wird Handeln auf enaktiver Ebene möglich.

Zahlen aus vorgegebenen Ziffern bilden

Aufgaben, bei denen aus vorgegebenen Ziffern Zahlen nach bestimmten Vorgaben gebildet werden, sind ein beliebtes Übungsfeld bei der Behandlung der Zahlbereiche. Häufig wird bei diesen Übungen noch nach der kleinsten und größten Zahl gefragt, die gebildet werden kann. Aus kombinatorischer Sicht handelt es sich bei den meisten Beispielen um Permutationen oder Variationen (mit und ohne Wiederholung). Da bei Zahlen auch die Reihenfolge der Ziffern eine Rolle spielt, sind Kombinationen ausgeschlossen. Die folgenden Beispiele sind den kombinatorischen Figuren zugeordnet.

Permutation ohne Wiederholung

Beispiel:
Wie viele vierstellige Zahlen lassen sich aus den Ziffern 2, 4, 6 und 9 bilden, wenn jede Ziffer in einer Zahl nur einmal vorkommen darf?

Permutation mit Wiederholung

Beispiel:
Wie viele sechsstellige Zahlen (einschließlich der Ausgangszahl) lassen sich durch Umstellen der Ziffern aus der Zahl 225 678 bilden?

Variation ohne Wiederholung

Beispiel:
Wie viele verschiedene dreistellige Zahlen lassen sich aus den Ziffern 1, 2, 3, 4 bilden, wenn jede verwendete Ziffer nur einmal vorkommen darf?

Variation mit Wiederholung

Beispiel 1:
Wie viele verschiedene dreistellige Zahlen lassen sich aus den Ziffern 1, 2, 3, 4 bilden, wenn sich Ziffern in einer Zahl wiederholen (mehrfach vorkommen) dürfen?

Beispiel 2:
Wie viele verschiedene dreistellige Zahlen lassen sich aus den Ziffern 1 und 2 bilden?

Die beiden Beispiele zur Variation mit Wiederholung unterscheiden sich in der Vorgabe der Anzahl der zu verwendenden Ziffern. Beim ersten Beispiel ist die Anzahl der vorgegebenen Ziffern größer als die Anzahl der Stellen. Dies kann eventuell dazu führen, dass das mehrfache Verwenden von Ziffern vernachlässigt wird. Beim zweiten Beispiel ist die Anzahl der vorgegebenen Ziffern kleiner als die Anzahl der Stellen, sodass zum Bilden der Zahlen Ziffern zwingend mehrfach genutzt werden müssen.

Eine grundsätzliche Lösungsstrategie für alle Aufgaben zum Bilden von Zahlen, die gleichzeitig eine Anwendung der Kenntnisse über den Aufbau des Stellenwertsystems ist, besteht im Aufzählen der möglichen Zahlen geordnet nach ihrer Größe. Dabei macht es keinen Unterschied, ob bei der kleinsten oder der größten Zahl begonnen wird.

Einige Kinder erkennen sicher, dass dabei Blöcke als gleichmächtige Teilmengen der Gesamtmenge entstehen, deren Zahlen die gleiche erste Ziffer haben. Wenn man erkennt, wie viele solcher Blöcke es gibt, kann der Lösungsweg für das Finden aller Möglichkeiten verkürzt werden.

Für das Beispiel, bei dem aus den Ziffern 1 und 2 alle dreistelligen Zahlen gebildet werden sollen, sieht das wie folgt aus:

Es gibt vier Zahlen mit 1 an der Hunderterstelle und vier Zahlen mit der 2 an der Hunderterstelle.

111 112 121 122
211 212 221 222

Neben dem Auflisten aller 8 Zahlen wäre auch die Strategie denkbar, nach dem Finden der vier Zahlen mit der 1 an der Hunderterstelle diese Anzahl zu verdoppeln, da es genauso viele Zahlen mit der 2 an der Hunderterstelle gibt.

Wenn es gelingt, diese Strategie auch auf Zahlen mit mehr Stellen anzuwenden, kann die Anzahl aller möglichen Zahlen wesentlich schneller ermittelt werden als durch vollständiges Auflisten aller Möglichkeiten.
Interessant wäre zu untersuchen, ob manche Schülerinnen und Schüler nach dem Erkennen der Strategie diese auch auf andere Kontexte wie zum Beispiel auf das Bauen von Türmen übertragen.
Die Aufgaben zum Bilden von Zahlen können natürlich auch wieder in eine motivierende Einkleidung als Knobelaufgabe gebracht werden:

Beispiel: Zahlencode
Ein Betrüger möchte einen 6-stelligen Code knacken. Er erkennt, dass der Code nur aus den Ziffern 1, 2 und 7 besteht.
Wie viele Möglichkeiten verschiedener Codes kommen jetzt noch in Frage?

Bei den bisherigen Aufgaben zum Bilden von Zahlen war das Suchfeld zum Bilden der Zahlen relativ schnell zu überblicken. Anders sieht es bei der Aufgabe „Zahlenforscher" aus.

Beispiel: Zahlenforscher
Auf dem Tisch liegt ein Stapel an Karten mit den Ziffern 0 bis 9 in beliebiger Reihenfolge. Jede Ziffer ist mindestens viermal vorhanden. Zieht vier Karten vom Stapel.
Der Arbeitsauftrag lautet:
Welche vierstelligen Zahlen könnt ihr damit bilden und wie viele verschiedene sind es?

Beim Ziehen der Karten spielt der Zufall eine Rolle, was Auswirkungen auf die Anzahl der möglichen Zahlen hat, die gebildet werden können.
Je nachdem, ob nur Karten mit unterschiedlichen Ziffern gezogen werden oder auch Karten mit gleichen Ziffern dabei sind, ergibt sich eine unterschiedliche Anzahl an verschiedenen Zahlen, die gebildet werden können.
Besonders beachtet werden müssen Ziffernkarten mit einer Null. Hier gibt es zwei Interpretationsmöglichkeiten, die auch von Lehrerinnen und Lehrern unterschiedlich gesehen werden.
Man interpretiert im Sinne des Zahlbildungsprinzips (in der Grundschule) und beachtet die führende Ziffer 0 nicht, dann ergibt die Ziffernfolge keine vierstellige Zahl. Die Ziffernfolge 0875 ist bei dieser Interpretation keine vierstellige Zahl.
Wenn man Nullen im Sinne der Kombinatorik den anderen Ziffern gleichsetzt, so werden auch Ziffernfolgen mit Nullen als führenden Ziffern mitgezählt. Dann ist auch die Ziffernfolge 0875 eine vierstellige Zahl.
Weitere zu treffende Fallunterscheidungen hinsichtlich der Anzahl der möglichen Zahlen ergeben sich aus dem Ziehen von Karten mit gleichen Ziffern.
In der folgenden Übersicht sind alle möglichen Fälle aufgeführt:
Lösungen ohne Nullen bzw. bei denen die Null wie die anderen Ziffern betrachtet wird:
Fall 1: vier verschiedene Ziffern
Beispiel 7532 24 Möglichkeiten
Fall 2: einmal zwei gleiche Ziffern
Beispiel 7552 12 Möglichkeiten
Fall 3: zweimal zwei gleiche Ziffern
Beispiel 7557 6 Möglichkeiten

Fall 4: drei gleiche Ziffern
Beispiel 7555 4 Möglichkeiten
Fall 5: vier gleiche Ziffern
Beispiel 7777 1 Möglichkeit

Lösungen, wenn Ziffernfolgen mit 0 als führende Ziffer(n) nicht als vierstellige Zahlen gezählt werden:
Lösungen mit einer Null:
Fall 1: drei verschiedene Ziffern
Beispiel 7065 18 Möglichkeiten
Fall 2: zwei gleiche Ziffern
Beispiel 7055 9 Möglichkeiten
Fall 3: drei gleiche Ziffern
Beispiel 6055 3 Möglichkeiten

Lösungen mit zwei Nullen:
Fall 1: zwei verschiedene Ziffern
Beispiel 6005 3 Möglichkeiten
Fall 2: zwei gleiche Ziffern
Beispiel 6006 3 Möglichkeiten

Lösung mit drei Nullen:
Beispiel 6000 1 Möglichkeit

Lösung mit vier Nullen:
0000 keine vierstellige Zahl

Größen und Messen: Kombinatorik und Größen

Auch wenn die Leitidee „Größen und Messen" nicht unbedingt prädestiniert für eine Verbindung zur Kombinatorik erscheint, so spielen auch hier kombinatorische Überlegungen eine Rolle. Dies betrifft vor allem das Zusammensetzen von einer Größe aus anderen Größen auf unterschiedliche Art und Weise.
Dies wird besonders beim Zusammensetzen eines Geldbetrags aus verschiedenen Münzen bzw. Scheinen genutzt.

Beispiel 1:
Mit welchen Münzen kannst du einen Geldbetrag von 13 ct bezahlen?
Lege und zeichne.
Finde jeweils verschiedene Möglichkeiten.
Findest du alle Möglichkeiten?

Eine anspruchsvollere Aufgabe, die der kombinatorischen Figur „Kombination ohne Wiederholung" zuzuordnen ist, ist diese:

Beispiel 2:
Welche Münzen gibt es in unserem Währungssystem?
Wähle immer zwei verschiedene aus.
Finde mehrere Möglichkeiten.
Kannst du alle Möglichkeiten finden?

Neben kombinatorischen Überlegungen ist bei diesen Aufgaben die Kenntnis der Münzen unseres Währungssystems notwendig.

Übungen zum Zerlegen von Größen sind natürlich auch für andere Größenbereiche möglich.

Raum und Form: Kombinatorik und Geometrie

Bei der Kompetenzentwicklung der Leitidee „Raum und Form" stehen zwar andere Ziele im Vordergrund als die Entwicklung kombinatorischen Denkens. Für das Lösen bestimmter Aufgaben ist dies aber durchaus gefordert. Außerdem stellt die Verbindung zwischen Geometrie und Kombinatorik eine Möglichkeit zur Differenzierung dar.

Als erstes Beispiel wird eine Aufgabe aus dem Kapitel zum fachlichen Hintergrund aufgegriffen und für die Grundschule modifiziert.

Verbindungslinien zwischen n Punkten

Beispiel:
Zeichne zwei Punkte.
Wie viele Verbindungslinien kannst du einzeichnen?
Wiederhole die Aufgabe für drei und vier Punkte.
Zeichne wieder alle möglichen Verbindungslinien ein und zähle diese.
Vielleicht kannst du die Anzahl der Verbindungslinien zwischen fünf Punkten schon bestimmen, ohne dass du zeichnest und zählst?

Neben einem unsystematischen Zählen der Verbindungslinien erscheinen verschiedene Lösungswege denkbar:
Es werden alle Linien gezeichnet und systematisch bei einem Punkt beginnend gezählt. Dabei ist zu beachten, dass jede Verbindungslinie zu zwei Punkten gehört und doppelt gezählt wurde.
Vielleicht erkennen einige Kinder, dass von jedem Punkt n – 1 Verbindungslinien ausgehen, und nutzen die Multiplikation (siehe letzte Teilaufgabe).

Diagonalen in einem n-Eck

Das gleiche Problem lässt sich auf die Anzahl der Diagonalen im n-Eck übertragen. Dabei ist zu beachten, dass von jedem Punkt eines n-Ecks n – 3 Diagonalen ausgehen.

Diagonalen insgesamt:
4-Eck: 2 Diagonalen
5-Eck: 5 Diagonalen
6-Eck: 9 Diagonalen
7-Eck: 14 Diagonalen
Es kommen immer n – 2 Diagonalen hinzu.

Wege zwischen drei Punkten

Beispiel:
Von A nach B gibt es 3 Wege, von B nach C gibt es 4 Wege. Wie viele unterschiedliche Wege gibt es, um von A nach C zu gelangen?

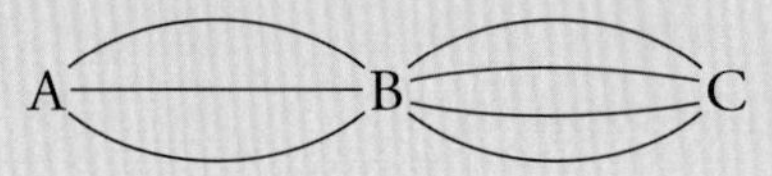

Die Aufgabe gehört zum kombinatorischen Aspekt der Multiplikation und kann entsprechend mithilfe der Multiplikationsaufgabe 3 · 4 gelöst werden.

Wege auf einem Wegeplan

Wie viele Wege findest du von der Schlittschuhbahn zum Schachspiel?

Wege auf dem Wegeplan, Mathetiger 2

Die kombinatorische Aufgabe besteht im Finden der Anzahl möglicher Wege. Zum Beschreiben sollten die Begriffe rechts und links sowie die Anzahl der Wegstücke verwendet werden, die in eine Richtung zu laufen sind.

Auch die Raumgeometrie lässt sich mit kombinatorischen Aufgaben verbinden:

Kürzeste Wege entlang der Kanten von Würfel bzw. Quader

Die Aufgabe wurde in eine Geschichte eingekleidet und durch eine Abbildung unterstützt in einer zweiten und einer vierten Klasse erprobt:

Beispiel:
Auf einem Würfel wohnen eine Blume und ein Marienkäfer. Die Ecken des Würfels sind mit den Ziffern von 1–8 nummeriert. Die Blume wohnt in Ecke 7 und der Käfer in Ecke 1. Der Marienkäfer möchte auf dem kürzesten Weg zur Blume krabbeln. Er kann aber nur auf den Kanten entlanggehen.
Wie viele Kanten muss der Käfer mindestens gehen?
Wie viele verschiedene Wege gibt es?
Schreibt sie auf!

Die beiden Eckpunkte als Anfangs- bzw. Endpunkt eines Weges lagen auf der Raumdiagonalen durch den Würfel. Als Hilfsmittel für die Bearbeitung der Aufgabe standen Körper aus Styropor zur Verfügung, an denen die Kinder mit Faserstiften die gefundenen Wege markieren konnten.

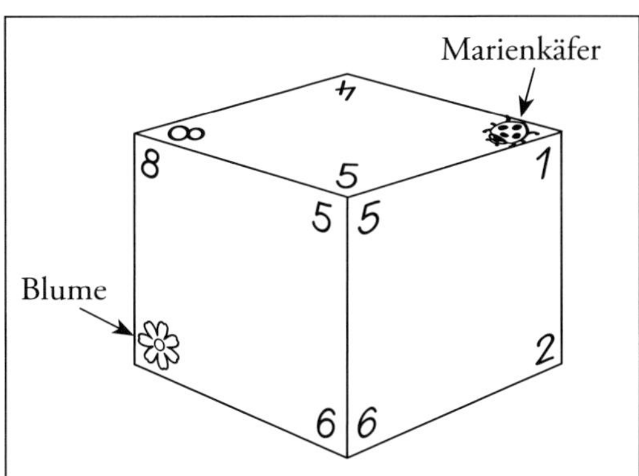

Auf diese Weise fanden fast alle Schüler heraus, welche Kanten für die kürzesten Wege durchlaufen werden, wie viele Wegstücke zu einem kürzesten Weg gehören und schließlich auch die Anzahl der kürzesten Wege. Einige der jüngeren Kinder hatten kleinere Verständnisschwierigkeiten im Umgang mit den Begriffen Kante und Ecke in der Aufgabenstellung. Diese wurden aber schnell ausgeräumt. Wie zu erwarten war, benötigten die Zweitklässler mehr Zeit für die Lösung der Aufgabe und erkannten nicht sofort die Vollständigkeit der gefundenen Wege. Einige der Viertklässler dagegen zeigten schon erstaunliche Fähigkeiten. Zwei Jungen erkannten, dass jeder Weg aus zwei unterscheidbaren waagerechten und einem senkrechten Teilstück besteht. Zur Verdeutlichung ihrer Begründung zeigte einer der beiden am Modell einzelne Wege, die zu den verschiedenen Kombinationen gehören.
Durch die Verwendung von geometrischen Begriffen im Lösungsprozess hat die kombinatorische Aufgabe sicher auch dazu beigetragen, das entsprechende Begriffsverständnis und die Raumvorstellung weiterzuentwickeln.

Ein weiteres Beispiel zur Verbindung von Geometrie und Kombinatorik wird im Beitrag von Laura Giesbrecht in diesem Band ausführlich dargestellt. Sie berichtet über die Arbeit mit Pentominos. Dabei sind sowohl geometrische als auch kombinatorische Strategien möglich.

Daten, Häufigkeit, Wahrscheinlichkeit: Kombinatorik und Wahrscheinlichkeit

Auf den Zusammenhang zwischen Kombinatorik und Wahrscheinlichkeit und die Bedeutung für die Grundschule wurde schon an anderen Stellen dieses Buchs verwiesen. Zum Lösen von Aufgaben zur Wahrscheinlichkeit auf klassisch-kombinatorischem Wege gehören Anzahlbestimmungen als fester Bestandteil. Allerdings sind in der Grundschule die Anzahlen in der Regel so klein, dass systematische Anzahlbestimmungen kaum eine Rolle spielen.

Ein Beispiel, bei dem systematisches Vorgehen zielführend ist, ist die Untersuchung der Häufigkeit möglicher Würfelsummen beim Würfeln mit zwei Würfeln. Nachdem zunächst auf empirisch-statistischem Wege das Phänomen der unterschiedlichen Häufigkeit bestimmter Würfelsummen erkundet wurde, kann dieses ab Klasse 2 durch systematisches Auflisten aller Zerlegungen der Zahlen 2 bis 12 in zwei Summanden analysiert und begründet werden. Mitunter wird die Kommutativität übersehen: 3 + 4 und 4 + 3 sind verschiedene Zerlegungen. Das Verwenden verschiedenfarbiger Würfel erleichtert die Einsicht. Die Darstellung aller Zerlegungen kann auf unterschiedlichen Wegen erfolgen.

Eine Darstellungsmöglichkeit, die einen schnellen Überblick ermöglicht, ist die Additionstabelle.

+	⚀	⚁	⚂	⚃	⚄	⚅
⚀	2	3	4	5	6	7
⚁	3	4	5	6	7	8
⚂	4	5	6	7	8	9
⚃	5	6	7	8	9	10
⚄	6	7	8	9	10	11
⚅	7	8	9	10	11	12

Als weitere Darstellungsformen kommen das Auflisten aller möglichen Zerlegungen der Würfelsummen mit Ziffern oder Würfelbildern sowie ein Baumdiagramm in Frage (vgl. NEUBERT 2012, S. 113/114).

Muster und Strukturen

Für die Leitidee „Muster und Strukturen“ werden keine expliziten Beispiele aufgeführt. Dies hat zwei Gründe. Zum einen wird diese Leitidee über die anderen Inhaltsfelder realisiert. Zum anderen erfordert das Lösen kombinatorischer Aufgaben immer das Erkennen von Mustern und Strukturen, sodass eigentlich jede Aufgabe hier aufgeführt werden könnte.

Kombinatorische Aufgaben in Verbindung mit anderen Fächern

Es lassen sich sicher viele Verbindungen zu anderen Fächern finden, die kombinatorische Überlegungen erfordern. Exemplarisch wird auf Verbindungen zu Sport, Musik und Deutsch eingegangen.

Im Sport spielen Anordnungs- und Auswahlprobleme häufig eine Rolle, ohne dass die Anzahl immer genau bestimmt ist.

Permutation ohne Wiederholung

Beispiel:
Anna, Sina, Sarah und Luisa bilden eine Mannschaft beim Staffellauf. Sie überlegen, welche Möglichkeiten es gibt, dass sie in unterschiedlicher Reihenfolge laufen.
Finde möglichst viele Möglichkeiten.

Kombination ohne Wiederholung

Beispiel 1:
Wie viele Spiele müssen durchgeführt werden, wenn bei einem Sportturnier jede Mannschaft gegen jede spielen soll?

Beispiel 2:
Bei einem Tanzwettbewerb sind fünf Elemente vorgegeben, die alle Teilnehmerinnen und Teilnehmer zeigen müssen. Wie viele und welche verschiedenen Choreografien könnten entstehen?

Beispiel 3:
Wie viele verschiedene Möglichkeiten gibt es, von fünf Kindern der Trainingsgruppe drei auszuwählen, die mit zum Wettkampf fahren?

Mathematik und Musik werden im Unterricht meist als voneinander getrennte Fächer behandelt. Es gibt aber einige enge Verknüpfungen dieser Fächer, die auch die Kombinatorik betreffen. Kombinieren und Komponieren lassen sich auf die gleiche grundlegende Handlung zurückführen: das Zusammenfügen (lt. combinare) oder auch das Zusammenstellen (lt. componere). Während sich in der Musik hohe und tiefe, lange und kurze Töne oder auch einzelne bereits bestehende Takte zu einer Melodie zusammenstellen lassen, befasst sich die Kombinatorik damit, auf welche Weisen Elemente zusammengefügt werden können und wie viele Möglichkeiten es jeweils gibt. Eine interessante Idee wurde unter anderem von Mozart angewendet. Bei den „Mozartschen Würfelspielen“ wurden bereits bestehende Takte genutzt, um daraus ein neues Stück zusammenzusetzen. Aus Rohmaterialien wurde das Erwürfeln von Walzern und Menuetten ermöglicht. Durch das Würfeln mit zwei Würfeln werden Takte, die nummeriert in einem Raster aufgelistet sind, ausgewählt. Die erhaltenen Takte werden nach und nach aneinandergereiht, bis ein vollständiges neues Stück entsteht. Eben diese Idee Mozarts wurde von JANINE ELISABETH NECKENICH didaktisch reduziert und so aufbereitet, dass sie in einer vierten Klasse zur fächerübergreifenden Arbeit geeignet ist. Dies stellt sie im Beitrag „Wir machen Matusik!“ in diesem Buch vor.

Für die Verbindung von Deutsch und Kombinatorik soll an HANS MAGNUS ENZENSBERGERS „Der Zahlenteufel“ erinnert werden. In diesem Buch besucht der Zahlenteufel in jeder Nacht den Jungen Robert, der Probleme mit der Mathematik hat, und erklärt ihm einen anderen mathematischen Inhalt. Die achte Nacht ist der Kombinatorik vorbehalten. Der Zahlenteufel erklärt Robert, wie viele Möglichkeiten es für eine bestimmte Anzahl an Personen gibt, sich auf unterschiedliche Weise auf eine Bank zu setzen. Weiterhin wird der Frage nachgegangen, wie oft die Gläser klingen, wenn in einer Gruppe von n Personen jeder mit jedem anstößt, und dass dies das gleiche mathematische Problem ist wie das Bestimmen der Anzahl aller Verbindungslinien zwischen n Punkten. Eine weitere erörterte Fragestellung ist das Ermitteln aller unterschiedlichen Dreiergruppen aus 5 Personen (vgl. ENZENSBERGER 1997, S. 147–168).

Lösungsstrategien und Darstellungsmöglichkeiten

Lösungsprozesse von Kindern zu kombinatorischen Aufgaben können unter verschiedenen Aspekten betrachtet werden. So kann untersucht werden, auf welcher Präsentationsebene (nach BRUNER) dies erfolgt, welche Strategien und Darstellungsmöglichkeiten angewendet werden. Da diese Aspekte in enger Beziehung stehen, werden Lösungsstrategien und Darstellungsmöglichkeiten in einem Abschnitt zusammengefasst.
An verschiedenen Stellen dieses Buches wurde bereits darauf verwiesen, dass Kinder beim Lösen kombinatorischer Aufgaben die Möglichkeit zum Handeln erhalten sollen. Ein Einstieg auf enaktiver Ebene ist wohl ein absolutes Muss. An einigen Beispielen wurde gezeigt, wie der Einsatz von Material das Finden von Möglichkeiten unterstützt. Dabei ist zu unterscheiden, ob genügend Material vorhanden ist, um alle Möglichkeiten gleichzeitig darzustellen und diese am Ende abzuzählen oder nur so viel Material vorhanden ist, um eine Möglichkeit darzustellen. Dann besteht die Notwendigkeit, gefundene Möglichkeiten zu notieren, bevor das Material zum Darstellen der nächsten Möglichkeit verwendet wird.

Zu Beginn wird an zwei Beispielen gezeigt, dass Kinder beim Lösen kombinatorischer Aufgaben nicht nur mit Material handeln, sondern auch selbst handelnde Akteure sein können. Manche Kinder werden durch ein derartiges Vorgehen vielleicht stärker motiviert als beim Legen mit Material. Natürlich können die Situationen auch auf diese Weise simuliert werden.

Beispiel 1:
Wie oft klingen die Gläser, wenn bei einer Tischrunde von 5 Personen je zwei Personen genau einmal anstoßen?

Soll die Aufgabe unter Einbeziehung von Handlungen der Kinder gelöst werden, muss eine geeignete Strategie gefunden werden, damit jede Person mit jeder anderen Person genau einmal anstößt. Die Kinder müssen ein geeignetes System entwickeln, um jedes Anstoßen zu erfassen: Zunächst Person A nacheinander mit den anderen, dann B, C und D mit den Personen, mit denen diese noch nicht angestoßen haben. Natürlich ist hier wieder exaktes Protokollieren gefragt.

Das zweite Beispiel wurde bereits im Zusammenhang mit der Herleitung der Lösungsformel für die Permutation ohne Wiederholung beleuchtet:

Beispiel 2:
Wie viele Möglichkeiten gibt es, um eine bestimmte Anzahl von n Personen in einer Reihe anzuordnen?

Im Kapitel „Was ist Kombinatorik?“ wurden als Varianten für das Erkennen der zugrundeliegenden multiplikativen Struktur das vollständige systematische Auflisten für n = 2 bis 4 und das Nutzen der Überlegung, welche Möglichkeiten es gibt, eine neu hinzukommende Person anzuordnen, auf symbolischer Ebene vorgestellt.

Vor allem bei der zweiten Variante kann durch Nachspielen der Erkenntnisprozess unterstützt werden. Vielleicht erkennen so einige Grundschüler bereits die dem Vorgehen zugrundeliegende multiplikative Struktur.
Man beginnt damit, zu ermitteln, wie sich zwei Personen A und B unterschiedlich anordnen lassen:
AB BA
Für das Ermitteln der Anzahl der möglichen Anordnungen von drei Personen wird eine der beiden Anordnungen genutzt und überlegt, wie viele Möglichkeiten es gibt, eine dritte Person C in diese Anordnung zu bringen:
CAB ACB ABC
Das Gleiche ist auch mit der anderen Anordnung möglich:
CBA BCA BAC
So erhält man 2 · 3 Möglichkeiten, um drei Personen anzuordnen.
Diese Prozedur kann beliebig fortgesetzt werden: Man wählt eine Anordnung aus und betrachtet, wie sich eine neu hinzukommende Person anordnen kann.
Wir wählen die Anordnung ABC und ordnen eine vierte Person D an:
DABC ADBC ABDC ABCD
Es gibt also vier Möglichkeiten der Kombination einer „Dreieranordnung“ mit einer vierten Person.
Überlegt man nun, dass es nicht nur eine, sondern 2 · 3 Möglichkeiten der Anordnung gibt, kann man schließen: Für eine Anordnung von vier Personen gibt es 2 · 3 · 4 Möglichkeiten.
Dieses Verfahren lässt sich beliebig fortsetzen.
Dabei kann auch ein Wechsel auf die ikonische oder symbolische Ebene erfolgen.

Welche Darstellungsweise ist die beste, um kombinatorische Lösungsprozesse zu unterstützen? Diese Frage stellen sich viele Lehrerinnen und Lehrer. Eine eindeutige Antwort gibt es nicht. Das folgende Beispiel aus einer dritten Klasse soll verdeutlichen, dass Schülerinnen und Schüler für das Lösen kombinatorischer Aufgabenstellungen ganz unterschiedliche Darstellungsformen nutzen. Dabei war zu beobachten, dass auf ikonischer bzw. symbolischer Ebene gearbeitet wurde, auch wenn Material zum Legen auf enaktiver Ebene vorhanden ist.
16 Kinder einer dritten Klasse wurden mit der Aufgabe zum „Zusammenstellen von Drei-Gänge-Menüs“ konfrontiert (vgl. NEUBERT 2001, S. 54).

Beispiel 3: Menü für das Abschlussfest
Ein Menü besteht aus einer Vorspeise, einem Hauptgericht und einem Nachtisch. Verschiedene Gerichte stehen zur Auswahl:

Vorspeise:
Gemischter Salat
Milchmix

Hauptgericht:
Spagetti Bolognese
Nudelauflauf
Käsespätzle
Würstchen mit Kartoffelbrei

Nachtisch:
Mousse au chocolat
Obstsalat
Pudding

Wie viele Möglichkeiten gibt es, unterschiedliche Menüs für das Abschlussfest zusammenzustellen?

Die Schüler dieser Klasse besaßen bereits Vorkenntnisse zur Kombinatorik. Sie hatten etwa drei Monate zuvor die Unterrichtssequenz zum Zusammenstellen von Hüten und Kleidern erlebt. Dabei sammelten sie Erfahrungen im Legen und Zeichnen der entsprechenden Möglichkeiten, im Umgang mit einem Strukturdiagramm und der Produktregel der Kombinatorik für zwei- und dreistufige Experimente. Als Sachverhalt wurde ausschließlich das Kombinieren von Kleidungsstücken gewählt (vgl. Jung/Neubert/Tolle 2000), sodass die Kinder die erworbenen Kompetenzen auf einen neuen Sachverhalt übertragen mussten.

Zur Unterstützung des Lösungsprozesses der Aufgabe zum „Drei-Gänge-Menü" standen den Schülern neben Faserschreibern und Papier „Gerichte-Kärtchen" zur Verfügung, mit deren Hilfe Abbildungen der entsprechenden Menüs gelegt werden konnten.

Die Anzahl der „Gerichte-Kärtchen" war so groß gewählt, dass Abbildungen von allen Menüs gleichzeitig gelegt werden konnten. Zum Ermitteln der Lösung gingen die Schüler verschiedene Wege und nutzten auch unterschiedliche Materialien bzw. Darstellungsmöglichkeiten.

Manche Kinder begannen die Menüs mithilfe der Kärtchen zu legen. Einige von ihnen brachen diesen Prozess nach dem Legen der Möglichkeiten mit der ersten Vorspeise ab und verdoppelten die Anzahl der bis dahin gefundenen Möglichkeiten.

Eine weitere angetroffene Darstellungsmöglichkeit war das Notieren aller möglichen Menüs. Kinder, die diesen Weg nutzten, gingen dazu über, Abkürzungen zu verwenden, da ihnen das ausführliche Aufschreiben zu aufwändig war. Besonders interessant war das Vorgehen eines Mädchens auf ikonischer Ebene. Sie legte für jedes Gericht ein eigenes Symbol fest. Mithilfe dieser Symbole zeichnete sie die 24 Möglichkeiten und zählte die Anzahl ab.

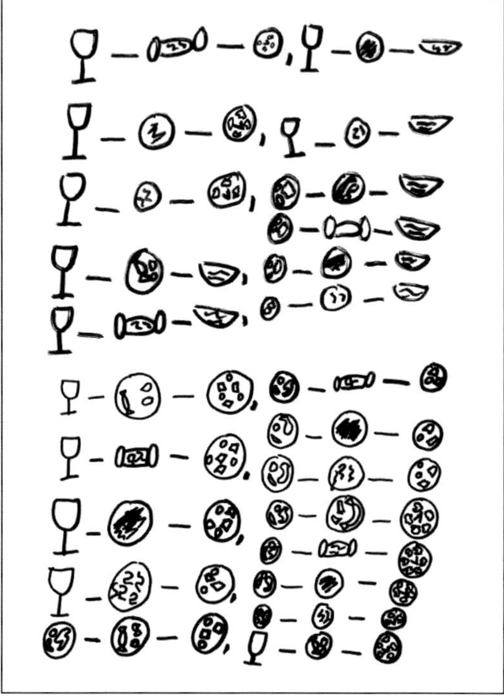

Ein Kind wandte eine Mischstrategie aus Strukturdiagramm und Rechnung an:

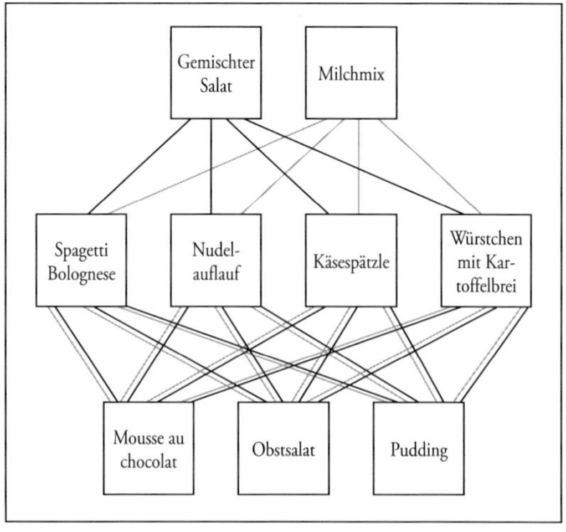

Der Junge nutzte die Kärtchen, um die Struktur eines Baumdiagramms aufzubauen und zeichnete zunächst alle Verbindungslinien, die von einer Vorspeise ausgingen. Vor dem Zeichnen der Linien zur zweiten Vorspeise berechnete er die Anzahl an Möglichkeiten.

Zwei Kinder wendeten unabhängig voneinander nach kurzem Überlegen die Produktregel an:

$$2 \cdot 4 \cdot 3 = 24$$

An diesen Beispielen wird deutlich, dass Kinder (auch bei gleichen Vorkenntnissen) unterschiedliche Lösungswege und Darstellungsweisen nutzen, wenn ihnen das erlaubt ist. Dies sollte nicht nur bei kombinatorischen Aufgaben entsprechende Beachtung im Unterricht finden.
Maria Kircher berichtet im Beitrag über ihre Erfahrungen zu Strategien und Darstellungsweisen von Grundschülerinnen und Grundschülern beim Übergang von Klasse 2 nach Klasse 3.

„Einfache kombinatorische Aufgaben (z. B. Knobelaufgaben) durch Probieren bzw. systematisches Vorgehen lösen", so lautet die Vorgabe der Bildungsstandards. Diese drückt bereits aus, dass die Spannbreite an Lösungsmöglichkeiten kombinatorischer Aufgaben sehr groß ist. Sie reicht vom unsystematischen Suchen nach einigen Möglichkeiten bis zur rechnerischen Lösung unter Nutzung multiplikativer Strukturen (Produktregel).
Untersuchungen zeigen, dass Schülerinnen und Schüler bereits sehr früh differenzierte Lösungswege einschlagen und durchaus eine Vielzahl an unterschiedlichen Strategien verwenden, um alle Möglichkeiten herzustellen. Am Anfang steht auch bei unsystematischem Vorgehen das Auffinden und Streichen von gefundenen Möglichkeiten, die mehrfach vorhanden sind. In verschiedenen Untersuchungen wurde festgestellt, dass vor allem jüngere Schüler ihre Strategien häufig wechselten. Eine typische, bei Grundschülern vor allem beim Bauen von Türmen häufig zu beobachtende Strategie ist die Gegenpaarbildung. Dies bedeutet, dass bei dem jeweiligen Paar auf allen Ebenen die Farben gewechselt werden.

Turm 1	Turm 2	Turm 3
Rot	Blau	Gelb
Blau	Gelb	Rot
Gelb	Rot	Blau

Diese Strategie führt zwar zu neuen Möglichkeiten, aber nicht unbedingt zu vollständigen Lösungen. Systematische Strategien entwickeln sich erst gegen Ende der Grundschulzeit. Von diesen Strategien ist besonders das Tachometerprinzip zu nennen. Bei der Anwendung dieses Prinzips werden Farben (bzw. auch andere Elemente) von einer oder zwei Ebenen so lange konstant gehalten, bis die Elemente auf der verbleibenden Ebene bzw. den verbleibenden Ebenen alle möglichen durchlaufen haben (vgl. Hoffmann 2003, S. 169). Bei konsequenter Anwendung dieser Strategie werden systematisch alle Möglichkeiten ermittelt. Besonders einsichtig wird die Strategie beim Bilden von Zahlen, da sie dem Ordnen der Zahlen nach der Größe entspricht.

Beispiel 4:
Finde alle vierstelligen Zahlen aus den Ziffern 1, 2, 3 und 4. Du darfst jede Ziffer immer nur einmal verwenden.

1234 1243 1324 1342 1423 1432	2134 2143 2314 2341 2413 2431	3124 3142 3214 3241 3412 3421	4123 4132 4213 4231 4312 4321

Analog kann das Tachometerprinzip beim Bauen von Türmen angewendet werden:

Beispiel 5:
Du hast blaue, rote, gelbe und weiße Bausteine. Du möchtest Türme aus den vier Farben bauen. Die Farben sollen in unterschiedlicher Reihenfolge vorkommen. Jede Farbe darf in einem Turm nur einmal vorkommen.
Wie viele Türme kannst du bauen?

In der Darstellung werden die Anfangsbuchstaben der Farben verwendet:

brgw brwg bgrw bgwr bwrg bwgr	rbgw rbwg rgbw rgwb rwbg rwgb	gbrw gbwr grbw grwb gwbr gwrb	wbrg wbgr wrbg wrgb wgbr wgrb

Eine interessante Lernumgebung zur Entwicklung von Strategiekompetenzen ist die Kombiniermaschine, mit deren Hilfe die Kinder auf ihrem Weg vom unsystematischen zum systematischen Probieren beim Lösen kombinatorischer Fragestellungen begleitet werden. Sie besteht aus zwei oder mehreren Rädern, die ähnlich wie Glücksräder beschriftet und gedreht werden. Kombinationen unterschiedlichster Art können an der Maschine systematisch erzeugt und abgelesen werden. Die Kombiniermaschine eignet sich für kombinatorische Fragestellungen im Zusammenhang mit multiplikativen Aufgabenstellungen und Variationen mit Wiederholung:
$k \leq 3$ (Anzahl der Kombinierräder),
$n \leq 5$ (Entscheidungsmöglichkeiten auf den jeweiligen Rädern). Die Reihenfolge ist dabei wichtig. Die Kombiniermaschine soll es den Kindern ermöglichen, auf einfache Art und Weise alle Lösungen zu finden und systematisch darzustellen (vgl. Schoy-Lutz 2011).

Umsetzung von Kombinatorik im Unterricht

Wie können Stunden bzw. Sequenzen zur Kombinatorik im Unterricht umgesetzt werden? Dieser Frage wird in diesem Abschnitt nachgegangen. Grundgedanke des vorgestellten Beispiels ist, dass Kinder nach dem Verstehen der Aufgabe den Freiraum zum selbstständigen Finden von Lösungen durch konkretes Handeln erhalten sollten und anschließend unterschiedliche Möglichkeiten gefunden und verglichen werden. Dazu wird eine aus drei Stunden bestehende Unterrichtssequenz aus einer 2. Klasse vorgestellt (vgl. Breiter/Pfeil/Neubert 2009). Entsprechend der Jahreszeit wurden Aufgaben zum Thema Winter bzw. Weihnachten gewählt, die eine unterschiedliche mathematische Struktur hatten:

1. Stunde:
Fenster weihnachtlich schmücken
Benni möchte sein Fenster mit einem roten, einem grünen und einem gelben Stern schmücken. Die drei Sterne sollen nebeneinander hängen.
Wie kann Benni die Sterne anordnen?
Versuche alle Möglichkeiten zu finden.

2. Stunde: Schlittenrennen
Anna, Marie, Felix und Stefan wollen mit zwei Schlitten Rennen fahren. Auf jedem Schlitten sitzt ein Kind.
Welche Rennen müssen stattfinden, damit jedes Kind gegen jedes Kind gefahren ist?

3. Stunde:
Was kann der Nikolaus anziehen?
Der Nikolaus hat eine gelbe, eine braune, eine blaue und eine rote Mütze und einen braunen, einen roten und einen blauen Mantel.
Er möchte immer eine Mütze und einen Mantel anziehen.
Welche Möglichkeiten gibt es dafür?

Für den Aufbau der drei Stunden wurde eine Vorgehensweise gewählt, die den Kindern von vergleichbaren Aufgabenstellungen bekannt war. Der Einstieg erfolgte mit einer Erarbeitungsphase im Halbkreis vor der Tafel. Dabei wurden die Schüler durch konkretes Material an die Aufgaben herangeführt. Der weitere Verlauf lässt sich durch folgende Schritte beschreiben:

Schritt 1: Frage formulieren

Die Kinder formulierten für die dargebotene Aufgabe eigenständig eine Frage. Durch das selbstständige Nachdenken wurde das Problem internalisiert. Den Kindern lag zu diesem Zeitpunkt noch kein Arbeitsblatt mit ausführlicher Fragestellung vor. Dieses wurde erst im nächsten Schritt für die Einzelarbeit ausgeteilt.

Schritt 2: Möglichkeiten finden und Skizze anfertigen

Die Schüler fertigten in Einzelarbeit eine Skizze an, wobei einige Möglichkeiten auf unterschiedliche Weise dargestellt wurden. In dieser Phase entstanden aufgrund der geforderten Skizze nur wenige abbildhafte oder zeitaufwändige Lösungen, da die Kinder mit dem Sinn des Begriffs „Skizze“ vertraut waren.

Schritt 3: Austausch

Die Tischnachbarn führten einen 5-minütigen Austausch durch, wobei sie sich gegenseitig ihre Lösungen erklärten und begründeten.

Schritt 4: Lösungswege vorstellen

Die Klasse fand sich mit ihren Lösungsblättern wieder im Sitzkreis vor der Tafel ein, um zahlreiche Lösungen aus der Klasse vorzustellen. Dabei durften insbesondere Kinder mit sehr ausgefallenen Darstellungen und Strategien ihre Lösungen präsentieren. Die Schritte 3 und 4 dienten dazu, einerseits die kindlichen Perspektiven beim Lösen kombinatorischer Aufgaben zu erweitern und andererseits das sprachliche Ausdrucksvermögen zu schulen.

Schritt 5: Ergebnisüberprüfung

Die Ergebnisse der Schüler wurden überprüft. Mit genügend zur Verfügung stehendem Material wurde die Gesamtanzahl der Möglichkeiten an der Tafel präsentiert.

Einen vergleichbaren Aufbau für Unterrichtssequenzen zur Kombinatorik ab Klasse 2 schlagen Schipper/Ebeling/Dröge mit ihrem Fünf-Phasenmodell als Unterrichtsprinzip vor (2015a, S. 258 ff.):

- Konkretes Handeln, Lösungen notieren
- Lösungen vorstellen, beschreiben und miteinander vergleichen
- Geordnetes Darstellen von Lösungen
- Variation(en) der Aufgabenstellung
- Reflektieren und Verallgemeinern

Förderung der allgemeinen mathematischen Kompetenzen

Wie bereits an verschiedenen Stellen deutlich wurde, bieten kombinatorische Aufgaben gute Möglichkeiten zur Entwicklung allgemeiner mathematischer Kompetenzen. In diesem Abschnitt werden die Überlegungen in Verbindung mit den in den Bildungsstandards festgelegten Kompetenzen betrachtet.

Problemlösen

Im Allgemeinen spricht man dann von einem Problem, wenn ein Anfangszustand gegeben, ein erwünschtes, aber noch nicht erreichbares Ziel gekennzeichnet (Zielzustand) und kein Weg zum Überführen des Anfangszustandes in den Zielzustand bekannt ist bzw. Barrieren die Transformation vom Anfangs- in den Zielzustand behindern.

In der Regel sind kombinatorische Aufgaben für die Schülerinnen und Schüler problemhaltige Aufgaben, da kein bekannter Lösungsalgorithmus abgearbeitet wird, sondern durch Probieren eine Lösung gesucht werden soll. Es kann auch nicht darum gehen, Routine für diese Art Aufgaben zu entwickeln. „Im Mittelpunkt steht der Prozess der Auseinandersetzung mit einem Problem, das den Kindern nicht vertraut ist und für das ihnen kein Lösungsverfahren zur Verfügung steht. Sie sollen lernen, systematisch vorzugehen und Lösungsstrategien zu entwickeln, die sie auch bei weiteren Aufgaben nutzen können." (Schipper/Ebeling/Dröge 2018, S. 300 f.)

Ein wichtiger damit zusammenhängender Aspekt beim Lösen kombinatorischer Aufgaben ist die Beantwortung der Frage, ob alle Möglichkeiten gefunden und „doppelte Möglichkeiten" ausgeschlossen wurden.

Darstellen

Für die Entwicklung der Kompetenz des Darstellens haben kombinatorische Aufgaben ein sehr hohes Potenzial. Es gibt wohl kaum ein anderes Inhaltsfeld des Mathematikunterrichts, in dem Kinder „für das Bearbeiten mathematischer Probleme geeignete Darstellungen entwickeln, auswählen und nutzen" (Sekretariat der Ständigen Konferenz der Kultusminister 2005, S. 8). Im Allgemeinen bieten die meisten Aufgaben in der Kombinatorik verschiedene Darstellungsformen für den Lösungsprozess. Dabei ist die Arbeit auf allen Repräsentationsebenen nach Bruner möglich (vgl. Neubert 2013, S. 689) und mitunter auch notwendig, sodass ein Verständnis dafür entwickelt werden muss. Wenn die Notwendigkeit besteht, auf der enaktiven Ebene gefundene Möglichkeiten zu notieren, wird das Übertragen von einer Darstellung in eine andere unausweichlich. Wenn die Kinder den entsprechenden Freiraum für die Entwicklung eigener Darstellungen zur Lösung kombinatorischer

Aufgaben erhalten, spielt sicher auch das Vergleichen gefundener Wege und zugehöriger Darstellungen eine Rolle. Für den Unterricht müssen sich Lehrerinnen und Lehrer die Frage stellen, ob sie eine bestimmte Darstellungsform als Angebot präsentieren (und wenn ja, welche?) oder die Schülerinnen und Schüler eigene Möglichkeiten finden sollen. Eine mögliche Empfehlung als Antwort auf die Frage könnte lauten: Nach der Formulierung der zugehörigen Fragestellung sollten die Schüler Möglichkeiten und Darstellungsformen selbst suchen und anschließend ihre Lösungswege vorstellen und reflektieren. Darstellungsformen wie das Baumdiagramm, die sich Kinder in der Regel nicht selbst erschließen können, sollten explizit behandelt werden.

Kommunizieren

In einem engen Zusammenhang mit dem Darstellen steht das Kommunizieren, welches ebenfalls darauf abzielt, eigene Denkprozesse und Vorgehensweisen für andere verständlich zu machen. Des Weiteren geht es auch um das Verstehen, gemeinsame Erarbeiten, Diskutieren und Reflektieren anderer Lösungswege. Durch Sozialformen wie Partner- oder Gruppenarbeiten kann diese Kompetenz besonders gefördert werden. Innerhalb dieser Sozialformen verlangt es nach Arbeitsformen, die zum Austausch der Erkenntnisse oder sogar zur gemeinsamen Erarbeitung der Aufgabe aufrufen. In der Kombinatorik bieten sich solche Arbeitsformen an, da die Schülerinnen und Schüler, wie bereits erwähnt, verschiedene Lösungsstrategien verwenden können, wodurch einige Gesprächsanlässe geschaffen werden. So können sich die Kinder gegenseitig ihre Vorgehensweisen erklären und über Vor- und Nachteile einzelner Darstellungsweisen diskutieren. Darüber hinaus bieten Kombinatorikaufgaben die Möglichkeit, gemeinsam eine Lösung zu entwickeln. So kann zum Beispiel eine Zusammenarbeit in der Form erfolgen, dass ein Schüler eine Möglichkeit handelnd findet, ein zweiter diese protokolliert und prüft, ob sie eventuell schon vorhanden ist. Wichtig ist, dass die Schülerinnen und Schüler in der Lage sind, ihre eigenen Denkprozesse für andere logisch darzustellen. ANTJE HOFFMANN stellte in ihrer Untersuchung fest, dass sowohl jüngere als auch ältere Kinder geeignete Lösungswege finden, es ihnen aber sehr schwer fiel, den Lösungsweg zu erklären. Sie betont, dass die Begründungskompetenz oftmals in keinem Zusammenhang mit der Problemlösekompetenz stand. Dies bedeutet, dass die Probanden in der Lage waren, die Aufgabe zu lösen, allerdings nicht, die Lösung auch zu verbalisieren (vgl. HOFFMANN 2003, S. 280). Das lässt den Schluss zu, dass der Entwicklung der Verbalisierungsfähigkeit auch unter zunehmender Einbeziehung von Fachsprache besondere Aufmerksamkeit geschenkt werden sollte.

Argumentieren

Die Kompetenz des Argumentierens verlangt, mathematische Aussagen zu hinterfragen und auf Korrektheit zu prüfen sowie mathematische Zusammenhänge zu erkennen, Vermutungen zu entwickeln, Begründungen zu suchen und nachzuvollziehen. Wie beim Darstellen und Kommunizieren bereits angesprochen, ist dies bei Grundschülern noch stark in der Entwicklung. Ein echter Anlass zum Argumentieren ergibt sich bei der Beantwortung der Frage, ob alle Möglichkeiten gefunden wurden.

Modellieren

Dem Modellieren liegen realitätsbezogene Situationen zugrunde, welche von den Schülerinnen und Schülern erfasst und in die Sprache der Mathematik übersetzt werden müssen. Bei der Bearbeitung kombinatorischer Aufgaben müssen die Schülerinnen und Schüler ebenfalls eine reale Situation mathematisieren. Vergleicht man das Vorgehen bei kombinatorischen Aufgaben mit den üblichen Schritten des Modellierungskreislaufs, dann sind doch einige Besonderheiten gegenüber anderen Sachaufgaben festzustellen: Die Aufgaben sind häufig nur als kurzer Text formuliert. Dadurch bereitet das Verstehen der Aufgaben, die auch häufig zum Handeln auffordern, nur selten Schwierigkeiten. Das Lösen erfordert kein mathematisches Modell im Sinne einer Rechenaufgabe, sondern das Finden geeigneter Strategien und Darstellungen. Genauso gestalten sich die weiteren Schritte schwierig. Als Validieren kann man die Überprüfung, ob alle Möglichkeiten gefunden sind, betrachten. Insgesamt bleibt der Schluss, dass der Entwicklung von Modellierungskompetenzen im Zusammenhang mit kombinatorischen Aufgaben Grenzen gesetzt sind.

Möglichkeiten der Differenzierung bei der Arbeit mit kombinatorischen Aufgaben

Vor einigen Jahren erhielt ich eine E-Mail einer Referendarin über Aufgaben zur Kombinatorik:

> „Die Aufgaben wirkten auf alle (!) Kinder äußerst motivierend. Alle Gruppen gelangten eigenständig zur Lösung der Aufgabe. Die Vorgehensweisen waren äußerst unterschiedlich: Einige legten systematisch mit Plättchen, andere ungeordnet und ein Schüler präsentierte mir eine korrekte rechnerische Lösung des Problems." (Grundschulunterricht Mathematik (2011) 4, S. 1)

In diesen Zeilen stecken eine Reihe von Hinweisen, dass die Umsetzung kombinatorischer Aufgaben im Unterricht differenziertes Arbeiten erfordert. Auch Herbert Kütting sieht als Grund für die Behandlung kombinatorischer Aufgaben im Unterricht die „Möglichkeit der Individualisierung und inneren Differenzierung durch sogenannte ‚offene Aufgaben', die mehrere Lösungswege zulassen" (Kütting 1994, S. 183). In den bisherigen Ausführungen wurde häufig schon auf Möglichkeiten der Differenzierung verwiesen, sodass die aufgeführten Aspekte eher die Funktion der Systematisierung und Zusammenfassung haben.

Aspekt 1

Durch kombinatorische Aufgaben können Schüler unterschiedlich gefordert werden.

In der Kombinatorik geht es fast immer um zwei Fragen:

1. Welche Möglichkeiten gibt es, Elemente einer endlichen Menge nach bestimmten Bedingungen auszuwählen oder anzuordnen?
2. Wie viele Möglichkeiten gibt es dafür insgesamt?

Schon allein eine Orientierung von Schüleraufträgen an diesen beiden Fragen kann zu einer Differenzierung genutzt werden, wenn man Schüler dazu auffordert, zunächst nach einigen Möglichkeiten zu suchen, und später nach deren Gesamtanzahl fragt.
Wir gewannen bei unseren Untersuchungen insgesamt den Eindruck, dass die Aufgaben den Kindern Freude bereiteten und sie auch alle der Meinung waren, etwas geleistet zu haben. Vor allem traten die Leistungsunterschiede für den einzelnen Schüler nicht so hervor wie bei Rechenaufgaben, bei denen in der Regel die Richtigkeit des Ergebnisses als entscheidender Maßstab für den Lernerfolg angesehen wird. In Einzelfällen konnte sogar beobachtet werden, dass Schüler, die ansonsten bei arithmetischen Aufgaben einen erhöhten Förderbedarf haben, bei der Bearbeitung kombinatorischer Aufgaben keine anderen Schwierigkeiten hatten als ihre Mitschüler und regelrecht aufblühten.

Aspekt 2

Für viele kombinatorische Aufgaben ist es möglich, unterschiedliche Lösungswege zu finden. Dabei besteht auch häufig die Möglichkeit der Lösungsfindung auf verschiedenen Repräsentationsebenen.

An diesen Beispielen wird deutlich, dass Kinder (auch bei gleichen Vorkenntnissen) unterschiedliche Lösungswege nutzen, wenn ihnen das erlaubt ist. Dies sollte nicht nur bei kombinatorischen Aufgaben entsprechende Beachtung im Unterricht finden.

Aspekt 3

An kombinatorischen Aufgaben können Kinder erfahren, dass man mathematische Aufgaben unterschiedlich interpretieren kann.

Dieser Aspekt wurde bisher kaum betrachtet und soll am Beispiel der Eiskugelaufgabe verdeutlicht werden (vgl. Neubert 2003, S. 99, Schipper/Ebeling/Dröge 2018, S. 301–304)

Beispiel: Eiskugelaufgabe
Timo kauft sich jeden Tag nach der Schule eine Eistüte mit drei Kugeln. Am Eisstand gibt es vier verschiedene Eissorten (Vanille, Schokolade, Erdbeere und Schlumpfeis). Timo möchte jeden Tag eine andere Eistüte essen.
Wie viele verschiedene Eistüten kann sich Timo zusammenstellen?

Je nach Gewohnheit beim Eisessen gibt es vier Interpretationsmöglichkeiten, die auch bei Kindern auf Interesse stoßen und für die Kinder eine Bedeutung haben. Den unterschiedlichen Interpretationen liegen verschiedene kombinatorische Figuren zugrunde:

1. Interpretationsmöglichkeit:
Alle Kugeln sind von verschiedenen Eissorten, die Reihenfolge spielt keine Rolle.
Kombination ohne Wiederholung: 4 Möglichkeiten

2. Interpretationsmöglichkeit:
Es können Kugeln gleicher Eissorte in einer Tüte sein, die Reihenfolge spielt keine Rolle.
Kombination mit Wiederholung: 20 Möglichkeiten

3. Interpretationsmöglichkeit:
Alle Kugeln sind von verschiedenen Eissorten, die Reihenfolge spielt eine Rolle.
Variation ohne Wiederholung: 24 Möglichkeiten

4. Interpretationsmöglichkeit:
Es können Kugeln gleicher Eissorte in einer Tüte sein, die Reihenfolge spielt eine Rolle.
Variation ohne Wiederholung: 64 Möglichkeiten

Natürlich sollte wiederum durch systematisches Probieren und nicht etwa durch Rechnungen gelöst werden. Es waren sowohl bei einer Untersuchung in einer vierten Klassse als auch im Unterricht einer zweiten Klasse alle vier Interpretationsmöglichkeiten zu beobachten, wenn auch die kombinatorischen Figuren der Kombination dominieren. Beim Verständnis für die Interpretationsmöglichkeit „mit Wiederholung" wurden häufig die Möglichkeiten aus drei Kugeln gleicher Sorte vergessen, da dies in der Praxis eher selten vorkommt.

Aspekt 4

Kombinatorische Aufgaben können als Zusatzaufgaben in anderen Stoffgebieten des Mathematikunterrichts genutzt werden.

Häufig wird vor allem aufgrund des unterschiedlichen Übungsbedarfs einzelner Schüler bei verschiedenen Unterrichtsthemen nach Aufgaben gesucht, die nicht nur ein Mehr an vergleichbaren Aufgaben, sondern neue Herausforderungen für einzelne Schüler durch andere Inhalte darstellen, die sich aber mit dem Ausgangsthema verbinden lassen. Auch dazu könnten kombinatorische Aufgaben genutzt werden. Gleichzeitig unterstützt ein solches Vorgehen die von verschiedenen Didaktikern vertretene Auffassung, dass Kombinatorik in der Grundschule kein eigenes Stoffgebiet bilden, sondern als ein Aspekt den gesamten Mathematikunterricht durchziehen sollte (vgl. Winter 1976, S. 33). Auch Fuchs und Käpnick (2004) sehen die Möglichkeit, durch kombinatorische Aufgaben leistungsstarke Schülerinnen und Schüler besonders zu fördern.
Da schon viele Beispiele im Abschnitt zur Verbindung von Kombinatorik mit anderen Leitideen aufgegriffen wurden, beschränken wir uns an dieser Stelle auf das schriftliche Rechnen.
Beim schriftlichen Rechnen versuchen viele Lehrerinnen und Lehrer, den an sich recht monotonen Übungsprozess möglichst abwechslungsreich zu gestalten. Eine häufig anzutreffende Übung besteht darin, die Ziffern der zu bildenden Rechenaufgaben mithilfe eines Spielwürfels zu bestimmen.

Beispiel:
Würfle sechs Mal. Bilde aus den gewürfelten Ziffern zwei dreistellige Zahlen. Berechne die Differenz der beiden Zahlen.
Bilde mehrere Aufgaben.

Auf diese Weise entstehen viele Übungsaufgaben. Bekanntlich sind der Übungsbedarf und das Arbeitstempo einzelner Schüler unterschiedlich, sodass nach sinnvollen Zusatzaufgaben gesucht werden muss. Neben solchen Fragen, wie der nach der Aufgabe mit dem kleinsten bzw. dem größten Ergebnis, bieten sich auch wieder kombinatorische Überlegungen an, die durch die Frage „Wie viele Aufgaben kannst du bilden?" hervorgerufen werden können. Dies wird einige Schüler dazu anregen, möglichst viele Aufgaben zu finden (ohne schon über die Gesamtzahl nachzudenken), andere werden aber auch versuchen, die Gesamtzahl zu finden. Außerdem lässt sich durch Zusatzbedingungen die Vielfalt noch weiter erhöhen. Man könnte festlegen, die Zahlen so zu bilden, dass der Minuend immer aus den ersten drei gewürfelten Ziffern gebildet wird und der Subtrahend aus der zweiten Dreiergruppe oder dass die gewürfelten Ziffern sowohl für den Minuenden als auch für den Subtrahenden verwendet werden dürfen. Weiterhin könnte untersucht werden, wie sich die Anzahl verändert, wenn Ziffern mehrfach gewürfelt werden.

Literatur

Breiter, E./Pfeil, C./Neubert, B. (2009): Welche Möglichkeiten gibt es und wie viele? Kombinatorische Überlegungen in der Vorweihnachtszeit. In: Praxis Grundschule (6), S. 53–56.

Denken und Rechnen 1 (2017). Braunschweig: Bildungshaus Schulbuchverlage.

Enzensberger, H. M. (1997): Der Zahlenteufel. München/Wien: Carl Hanser.

Fuchs, M./Käpnick, F. (Hrsg.) (2004): Mathe für kleine Asse (Handbuch für die Förderung mathematisch interessierter und begabter Erst- und Zweitklässler). Berlin: Volk und Wissen Cornelsen.

Hoffmann, A. (2003): Vergleich der kombinatorischen Problemlösefähigkeit. Hildesheim/Berlin: Franzbecker.

Jung, M./Neubert, B./Tolle, M. (2000): Kleider und Hüte für Pussy. Sache – Wort – Zahl 28 (34), S. 21–24.

Kütting, H. (1994). Didaktik der Stochastik. Mannheim/Leipzig/Wien/Zürich: BI-Wissenschaftsverlag.

Mathetiger 2 (2017). Offenburg: Mildenberger.

Neubert, B. (1998): Grundschulkinder lösen kombinatorische Aufgabenstellungen. In: Grundschulunterricht 45(1998)9, S. 17–19.

Neubert, B. (1998a): Kombinatorische Aufgabenstellungen in der Grundschule. In: Beiträge zum Mathematikunterricht 1998: Vorträge auf der 32. Tagung für Didaktik der Mathematik vom 2. bis 6.3.1998 in München. Hildesheim: Franzbecker, S. 479–482.

Neubert, B. (2001): Möglichkeiten der Differenzierung bei der Arbeit mit kombinatorischen Aufgaben. Grundschulunterricht 48 (11), S. 52–56.

Neubert, B. (2001a): Zusammenstellen von Drei-Gänge-Menüs und Eistüten. In: Beiträge zum Mathematikunterricht 2001: Vorträge auf der 35. Tagung für Didaktik der Mathematik vom 5. bis 9.3.2001 in Ludwigsburg. Hildesheim: Franzbecker, S. 446–449.

Neubert, B. (2012): Leitidee: Daten, Häufigkeit und Wahrscheinlichkeit. Aufgabenbeispiele und Impulse für die Grundschule. Offenburg: Mildenberger.

Neubert, B. (2013): Kombinatorische Aufgaben in der Grundschule. In: Greefrath, Gilbert/Käpnick, Friedhelm/Stein, Martin (Hrsg.): Beiträge zum Mathematikunterricht 2013. Vorträge auf der 47. Tagung für Didaktik der Mathematik. Münster. S. 688–691.

Schipper, W./Ebeling, A./Dröge, R. (2015): Handbuch für den Mathematikunterricht 1. Schuljahr. Braunschweig: Bildungshaus Schulbuchverlage.

SCHIPPER, W./EBELING, A./DRÖGE, R. (2015a): Handbuch für den Mathematikunterricht 2. Schuljahr. Braunschweig: Bildungshaus Schulbuchverlage.

SCHIPPER, W./EBELING, A./DRÖGE, R. (2018): Handbuch für den Mathematikunterricht 4. Schuljahr. Braunschweig: Bildungshaus Schulbuchverlage.

SCHOY-LUTZ, M. (2011): „Mir hilft die Kombiniermaschine!" Kinder lösen selbstständig Aufgabenstellungen zur Kombinatorik und gelangen vom Pröbeln zum systematischen Probieren. In: Grundschulunterricht Mathematik 58(4), S. 22–28.

SEKRETARIAT DER STÄNDIGEN KONFERENZ DER KULTUSMINISTER DER LÄNDER DER BUNDESREPUBLIK DEUTSCHLAND (2005): Bildungsstandards im Fach Mathematik für den Primarbereich. Beschluss vom 15.10.2004. München.

WINTER, H. (1976): Erfahrungen zur Stochastik in der Grundschule (Klasse 1–6). Didaktik der Mathematik 4 (1), S. 22–37.

Maria Kircher

Kombinatorische Aufgabenstellungen in der Grundschule – Strategien und Darstellungsweisen von Grundschülerinnen und Grundschülern beim Übergang von Klasse 2 nach Klasse 3

In diesem Kapitel wird behandelt, inwieweit Schülerinnen und Schüler in der zweiten und dritten Klasse Strategien und Darstellungen bei kombinatorischen Aufgaben anwenden. Um diesen Forschungsgegenstand zu beleuchten, stützt sich diese Ausarbeitung auf eine Mikro-Studie. Innerhalb dieser Studie werden zwei Forschungsfragen thematisiert:

1. Welche Strategien und Darstellungen wählen Kinder, wenn sie noch keine Berührungspunkte mit kombinatorischen Aufgaben besitzen?
2. Inwieweit verändern sich diese Strategien und Darstellungen, wenn diese Kinder bereits Erfahrungen mit dem Lösen kombinatorischer Aufgabenstellungen gesammelt haben?

Am Ende der zweiten Klasse besitzen die Kinder noch keine Erfahrungen zur Kombinatorik. Anfang der dritten Klasse ändert sich dies, wenn eine Lerneinheit zu diesem mathematischen Feld durchgeführt wird.
Um die beiden Forschungsfragen beantworten zu können, werden zwei schriftliche Standortbestimmungen durchgeführt. Diese finden vor und nach der Lerneinheit statt, um den Lernzuwachs und damit verbunden den eventuellen Wechsel von Strategien und Darstellungen zu erfassen.
Die zweite Forschungsfrage ist eng mit der Lerneinheit verzahnt. In diesem Kapitel wird es daher von Interesse sein, ob die Kinder die behandelten Inhalte annehmen und anwenden. Zum anderen ist es interessant zu betrachten, ob die Lernenden weiterhin kreativ in ihrer Lösungssuche bleiben.

Die Standortbestimmung

Die Standortbestimmung gliedert sich in drei Aufgaben, die mithilfe unterschiedlicher Strategien und Darstellungsweisen bearbeitet werden können. Diese sind hier im Folgenden dargestellt.

Aufgabe 1:
Outfits zusammenstellen
Du hast zwei T-Shirts und zwei Hosen, um dich damit einzukleiden.
Die T-Shirts sind blau und grün, die Hosen gelb und rot.
Wie viele Möglichkeiten findest du, dir damit ein Outfit zusammenzustellen?

Diese Aufgabe verlangt von den Lernenden, sowohl zwischen zwei T-Shirts als auch zwischen zwei Hosen auszuwählen. Die Reihenfolge des Auswählens ist nicht von Bedeutung, da es irrelevant ist, ob zuerst das Oberteil oder die Hose ausgesucht wird. Um die Lösungsmenge dieser kombinatorischen Aufgabenstellung zu ermitteln, empfiehlt sich die Produktregel.

Aufgabe 2:
Freundschaftliches Begrüßen
Vier Freunde haben sich abends im Kino verabredet. Zur Begrüßung geben sie sich jeweils die Hand.
Wie oft werden die Hände geschüttelt, wenn jeder alle seine Freunde begrüßen möchte?

Bei dieser zweiten Aufgabe müssen die Schülerinnen und Schüler ihr Abstraktionsvermögen unter Beweis stellen. Nur wer bedenkt, dass Dopplungen bei den Paarungen vermieden werden müssen, kann diese Aufgabe richtig lösen. Als Hilfestellung zum Problemlösen wird wieder mit der Lebensnähe des Kindes gearbeitet. Die Aufgabe ist dem Aufgabentyp „Kombination ohne Wiederholung" zuzuordnen.

Aufgabe 3:
Der 100-Meter-Lauf
Paula, Max und Anna machen den 100-Meter-Lauf bei den Bundesjugendspielen zusammen. In welcher Reihenfolge können die drei nacheinander ins Ziel kommen?
Wie viele Möglichkeiten gibt es?

Die letzte Aufgabe unterscheidet sich von den ersten beiden Aufgaben bereits darin, dass keine Elemente auszuwählen sind. Alle Personen müssen beachtet und in eine Reihenfolge gebracht werden, was durch Strategien erleichtert werden kann. Der Aufgabentyp ist dementsprechend die „Permutation ohne Wiederholung", da jedes Kind, das an den Bundesjugendspielen teilnimmt, als Individuum betrachtet wird.

Die Lerneinheit

Die Lerneinheit thematisiert drei ikonische Repräsentationsformen. Darunter fallen die strukturierten Darstellungen mithilfe einer Tabelle, eines Mengendiagramms und eines Baumdiagramms, was für die Bearbeitung der Standortbestimmung ausreichend ist und auch bei anderen kombinatorischen Aufgaben Hilfestellung leisten kann.
Im Folgenden wird je eine Aufgabe aus der Lerneinheit exemplarisch dafür genutzt, eine mögliche Darstellungsform vorzustellen.

Die Darstellungsform der Tabelle

Beispiel:
Du hast folgende Bausteine, um einen zweistöckigen Turm zu bauen. Unten können grüne und gelbe Steine liegen, oben blaue und rote.
Wie viele Möglichkeiten findest du, damit einen Turm zu bauen?

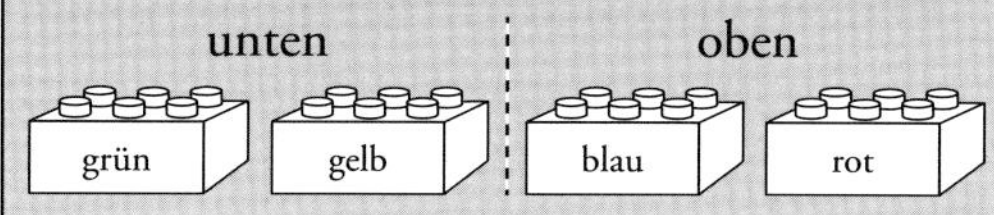

Mit dieser Aufgabe lässt sich die Tabelle als Darstellungsform einführen. Die Schülerinnen und Schüler müssen dabei „Türme" aus zwei Bausteinen bauen. Dabei ist es wichtig, welcher Stein oben bzw. unten liegt.

Eine mögliche Visualisierung könnte folgendermaßen aussehen:

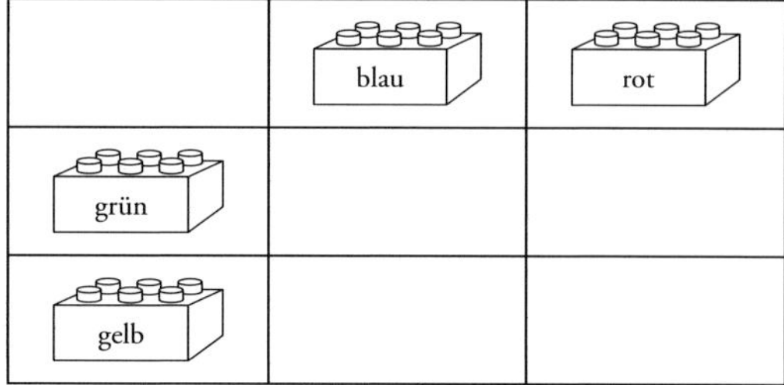

Die Darstellungsform des Mengendiagramms

Bei Aufgaben, die eine Paarbildung verlangen – wie im unteren Beispiel – ist es sinnvoll, sich alle Elemente der Menge zu notieren und diese zu Paaren zu verbinden.

Beispiel:
Vier Freunde (Max, Moritz, Lilly und Paula) umarmen sich zur Verabschiedung.
Wie viele Umarmungen gibt es, wenn sich alle voneinander verabschieden?

Das Mengendiagramm arbeitet dabei mit einfachen Verbindungslinien. Die Anzahl dieser Strecken innerhalb des Mengendiagramms entspricht dabei der Anzahl der möglichen Umarmungen.
Eine mögliche Lösung der Aufgabe könnte folgendermaßen aussehen:

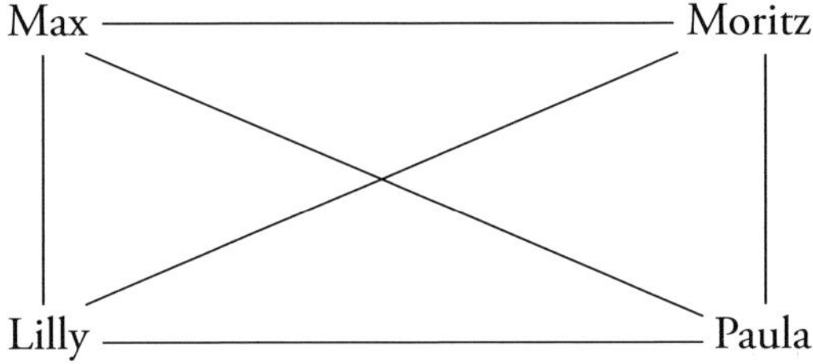

Die Darstellungsform des Baumdiagramms

Die dritte Darstellung – das Baumdiagramm – verwendet man in der Kombinatorik, wenn in mehreren Stufen Entscheidungen getroffen werden müssen (vgl. Schipper 2009, S. 278). Jede dieser Stufen bietet dabei verschiedene Wahlmöglichkeiten, die im Diagramm ausgedrückt werden.

Man spricht dabei vom fundamentalen Zählprinzip, was besagt, dass ein Experiment aus n Teilversuchen besteht, die unabhängig voneinander sind. Für jeden der Teilversuche gibt es $k_1 - k_n$ mögliche Ergebnisse. Insgesamt gibt es somit $k_1 \cdot k_2 \cdot \ldots \cdot k_n$ verschiedene Lösungen. Kütting spricht dabei auch vom allgemeinen Zählprinzip, der Produktregel oder Multiplikationsregel. Schipper nennt im Zusammenhang mit der Multiplikation ebenso das kartesische Produkt bzw. Kreuzprodukt (vgl. Hoffmann, S. 27; Kütting, S. 135; Schipper, S. 278). Im Grundschulunterricht kann man zur Erarbeitung für das Baumdiagramm eine Menü-Aufgabe nutzen, weil die Stufen variabel auszuwählen sind, genauso wie die einzelnen Wahlmöglichkeiten innerhalb der Stufen. Der Schwierigkeitsgrad ist somit passend auf die Lerngruppe auszurichten. Man sollte jedoch beachten, dass ein Baumdiagramm eine komplexe Darstellungsform ist, die ausreichend mit den Schülerinnen und Schülern eingeübt werden sollte. Es zeigt sich, dass die Variabilität dieses Diagramms einige Lernende zunächst überfordert. Deshalb ist es ratsam, anhand eines vorgegebenen Baumdiagramms zunächst dessen Aufbau gemeinsam mit den Lernenden zu erörtern. Dazu zählen sowohl die verschiedenen Stufen samt ihrer verschiedenen Auswahlmöglichkeiten als auch die Pfadregeln, die beim Zeichnen dieses Diagramms beachtet werden müssen.

Im Unterricht wird oftmals das klassische Vorspeise-Hauptspeise-Nachspeise-Modell genutzt, das einen Lebensweltbezug zu den Kindern herstellt:

Beispiel:
Das Restaurant bietet für ein Menü zwei Vorspeisen, zwei Hauptspeisen und zwei Nachspeisen an.
Wie viele verschiedene Menüs kannst du dir zusammenstellen?
Löse die Aufgabe mit einem Baumdiagramm.

Vorspeisen:	Hauptspeisen:	Nachspeisen:
Suppe	**Pi**zza	**Pu**dding
Salat	**Nu**deln	**Ob**stsalat

Von oben nach unten kann folgendes Lösungsbild entstehen:

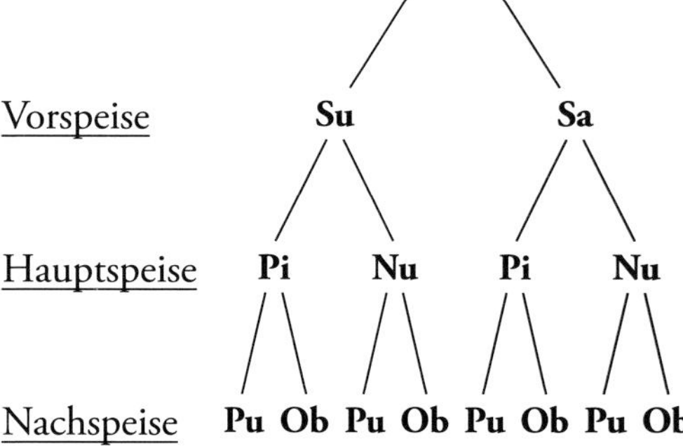

Forschungsfrage 1

Die 1. Forschungsfrage lautet: Welche Darstellungen und Strategien wählen Kinder, wenn sie noch keine Berührungspunkte mit kombinatorischen Aufgaben haben?

Aufgabe 1

Bei der Bearbeitung der Aufgabe 1: „Outfits zusammenstellen" ist auffällig, dass alle Kinder die Outfits zeichnen und viele das **Tachometerzählprinzip** anwenden. Die Kinder wählen eine Konstante aus – seien es die Hosen oder die T-Shirts – und ermitteln anhand dessen die richtige Lösungsmenge. Es ist zu vermuten, dass sie dieses Prinzip auf ähnliche Aufgaben übertragen können. Zusammenfassend wird festgehalten, dass die meisten Kinder in der besagten Klasse bereits ohne Erfahrungen im kombinatorischen Aufgabenbereich in der Lage sind, strategisch vorzugehen.

Aufgabe 2

Das Bewältigen von Aufgabe 2: „Freundschaftliches Begrüßen" hingegen fällt den Schülerinnen und Schülern am schwersten. Die Aufgabenstellungen erinnern an Sachaufgaben, sodass **eine** richtige Lösung seitens der Kinder vermutet wird. Dabei versuchen die Kinder häufig, durch bekannte Rechenoperationen zur Lösung zu kommen.
Zwei Schülerinnen heben sich dadurch hervor, dass sie diese Aufgaben mithilfe von Farbkombinationen meistern. Sie verwenden dabei das **Tachometerzählprinzip** und das **Additionsprinzip**, wodurch überflüssige Dopplungen vermieden werden.
Prägnant sind außerdem die Kinder, die die Aufgabe in Anlehnung an das Mengendiagramm lösen. Ohne dieses behandelt zu haben, sind Verbindungslinien zwischen den einzelnen Personen klar zu erkennen.
Drei Kinder lösen diese Aufgabe richtig und nutzen dabei interessanterweise ikonische Darstellungen. Dies verstärkt die These, dass das kindliche Denken zu diesem Zeitpunkt noch an anschauliches Material gebunden ist.

Aufgabe 3

Die Bearbeitung von Aufgabe 3: „Der 100-Meter-Lauf" weist Ansätze von strategischem Wissen auf, was jedoch nicht konsequent umgesetzt wird. Die meisten Kinder lösen die Aufgabe, indem sie jedes Kind einmal mit der ersten Position besetzen und somit drei Lö-

sungen finden. Einige Kinder gehen strategisch vor und finden durch den Wechsel der zweiten und dritten Position alle Lösungsmöglichkeiten.
Auf der ikonischen Ebene kann man festhalten, dass sich die Darstellungen der Kinder ähneln und durch wenige ikonische Repräsentationen gekennzeichnet sind. Überwiegend wird die vertraute Darstellung des Strichmännchens genutzt. Übertragen auf die Bildungsstandards dient die Aufgabe als Beispiel dafür, dass kombinatorische Aufgaben durch (systematisches) Probieren gelöst werden können.

Insgesamt lässt sich auf die erste Forschungsfrage antworten, dass innerhalb der Schulklasse ähnliche Strategien und Darstellungen dominieren und angewandt werden. Es sind dennoch graduelle Abweichungen festzustellen, die das Bearbeiten von kombinatorischen Aufgaben so besonders machen. Jedem Kind wird die Freiheit gelassen, sich auf seinem persönlichen Lernniveau zu entfalten und individuell einen Lösungsweg zu finden.

Forschungsfrage 2

Die 2. Forschungsfrage lautet: Welche Darstellungen und Strategien wählen Kinder, wenn sie bereits Erfahrungen mit kombinatorischen Aufgaben gesammelt haben?

Aufgabe 1

Die erste Aufgabe „Outfits zusammenstellen" bereitet den Schülerinnen und Schülern nach wie vor keine Schwierigkeiten. Bei fast allen Kindern ist eine Strategie zur Strukturierung vorhanden und viele Kinder nutzen verkürzte bzw. vereinfachte Darstellungen.
Auffällig ist bei dieser Aufgabe, dass alle Darstellungen aus der Lerneinheit verwendet werden. Die meisten Kinder zeichnen zwar noch Outfits, aber auch die Tabelle, das Mengendiagramm und das Baumdiagramm werden vereinzelt angewandt.

Aufgabe 2

Auch die zweite Aufgabe „Freundschaftliches Begrüßen" wird im Vergleich zur Eingangs-Standortbestimmung sehr gut bewältigt. Fast alle Kinder wählen das Mengendiagramm und finden somit alle Lösungen. Lediglich ein Kind versucht diese Aufgabe mit einer Multiplikationsaufgabe zu lösen, was zu fehlerhaften Dopplungen führt.
Die Darstellungsweisen überraschen in ihrer großen Übereinstimmung. Neben der Verwendung des Mengendiagramms wird lediglich mit den Namen der Kinder bzw. deren Abkürzungen, Strichmännchen und Zahlen gearbeitet.

Aufgabe 3

Die dritte Aufgabe „Der 100-Meter-Lauf" können 15 Schülerinnen und Schüler in der Abschluss-Standortbestimmung korrekt lösen. Dabei liegen sowohl unstrukturierte Ansätze als auch vollständig richtig angewandte Darstellungsweisen wie das Baumdiagramm vor. Die Lösungen werden dabei entweder untereinander aufgelistet oder in ersichtlichen Dreierpäckchen notiert. Auch bei dieser Aufgabe werden meistens die Namen und deren Abkürzungen verwendet. Manche Kinder kombinieren dazu die Zahlen von eins bis drei, um den Aspekt der Reihenfolge zu verdeutlichen.

Schlussfolgerungen zur Mikro-Studie

Im Resümee fällt nach der Lerneinheit zum Thema Kombinatorik auf, dass gehäuft die Darstellungen und Strategien verwendet werden, die innerhalb der Unterrichtseinheit thematisiert wurden.

Hervorstechend ist vor allem, dass das Mengendiagramm von fast allen Kindern mindestens einmal zur Bearbeitung der Aufgaben genutzt wird. Es bietet den Schülerinnen und Schülern eine schnelle Bearbeitungshilfe und stellt den Sachzusammenhang zudem präzise dar. Die Tabelle hingegen wird kaum genutzt, was eventuell dem hohen zeichnerischen Aufwand geschuldet ist. Auch das Baumdiagramm wird wenig angewendet, möglicherweise aus demselben Grund. Zudem ist das Baumdiagramm eine komplexe Darstellung, die intensiv eingeführt werden muss. Besonders beim mehrstufigen Zeichnen ist der Platz, den die Zeichnung benötigt, zu berücksichtigen, um fehlerhafte Lösungen zu vermeiden. Ebenfalls auffällig ist, dass den Kindern bei dieser Darstellungsart der Transfer auf eine neue Aufgabe am schwersten fällt.

Analysiert man den Gebrauch der Repräsentationsformen aus der Lerneinheit im Gesamtzusammenhang aller verwendeten Darstellungen, so fällt auf, dass die meisten Schülerinnen und Schüler tatsächlich die Tabelle, das Mengendiagramm und das Baumdiagramm in der Abschluss-Standortbestimmung heranziehen. Lediglich Aufgabe 3 wird auf andere Weise gelöst. Wie in der Eingangs-Standortbestimmung sind es die vorstrukturierten Gruppierungen, welche die Kinder alle Lösungen finden lassen. Bedenkt man, dass das Verwenden von bestimmten Strategien mit gewissen Darstellungsweisen verbunden ist, die sich wiederum für spezielle Aufgabentypen innerhalb der Kombinatorik anbieten, so ist es nicht verwunderlich, dass die drei behandelten Darstellungen gehäuft genutzt werden.

Positiv fallen schwächere Kinder auf, die zu Beginn große Schwierigkeiten beim Lösen kombinatorischer Aufgaben haben. Sie profitieren am meisten von einer Lerneinheit, die Anreize gibt und Wissen aufbaut. Sie nutzen die erlernten Repräsentationsformen und sind somit in der Lage, kombinatorische Problemlöseaufgaben zu bearbeiten. Als Beispiel hierfür dient ein Schüler, der im Unterricht meist von einer Schulbegleitung unterstützt wird, aber die Standortbestimmungen selbst bearbeitet hat.

Die folgenden Lösungswege zeigen jeweils den Stand vor und nach der Lerneinheit.

Aufgabe 1 der Standortbestimmung

vorher

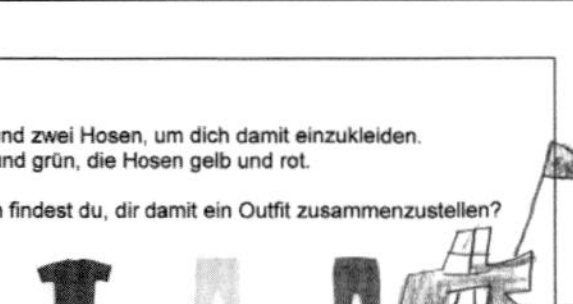

Du hast zwei T-Shirts und zwei Hosen, um dich damit einzukleiden.
Die T-Shirts sind blau und grün, die Hosen gelb und rot.

Wie viele Möglichkeiten findest du, dir damit ein Outfit zusammenzustellen?

nachher

Aufgabe 2 der Standortbestimmung

vorher

nachher

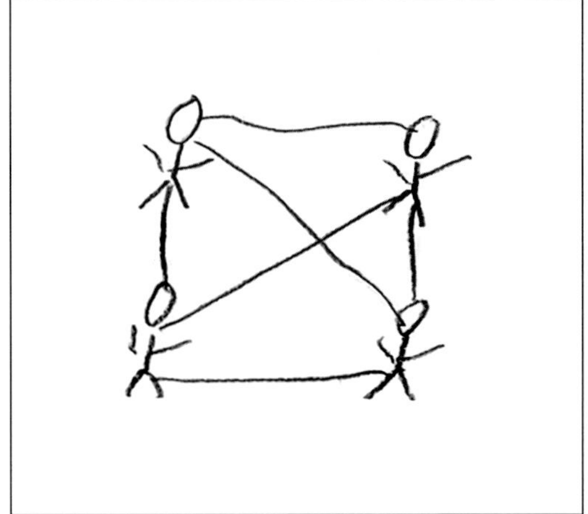

Aufgabe 3 der Standortbestimmung

vorher

nachher

Alle drei Aufgaben machen Hürden sichtbar, die der Junge erst nach der Lerneinheit überwinden kann. Das Kind verfällt unter anderem in kreatives Zeichnen und beendet Aufgaben voreilig, ohne alle Lösungen zu finden. Im Vergleich dazu nutzt es in der Abschluss-Standortbestimmung bei allen Aufgaben strategisches Wissen, u. a. das Mengendiagramm und eine Anlehnung an das Baumdiagramm.

Neben diesem erfreulichen Beispiel, bei dem die Lerneinheit einen großen Kompetenzzuwachs ermöglicht und dem Schüler Sicherheit beim Lösen von kombinatorischen Aufgaben bietet, sieht man nun eine andere Schülerlösung.

Aufgabe 1 der Standortbestimmung

vorher

nachher

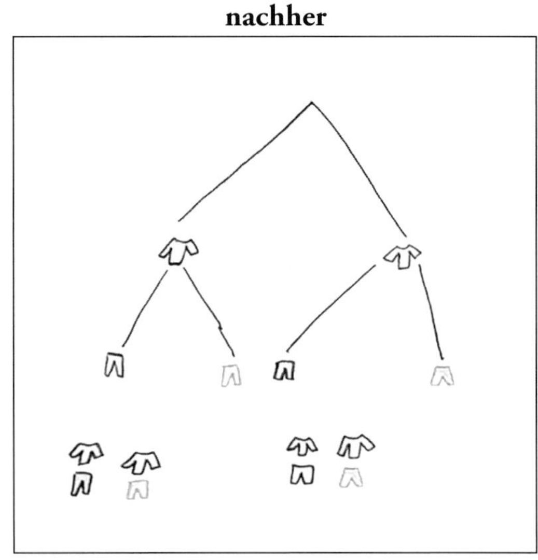

Aufgabe 2 der Standortbestimmung

vorher

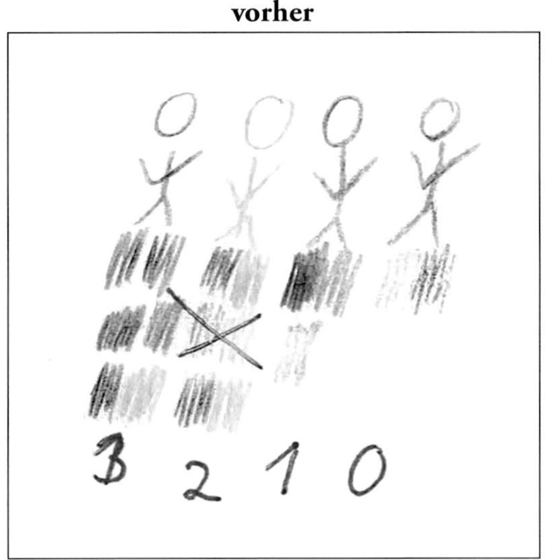

nachher

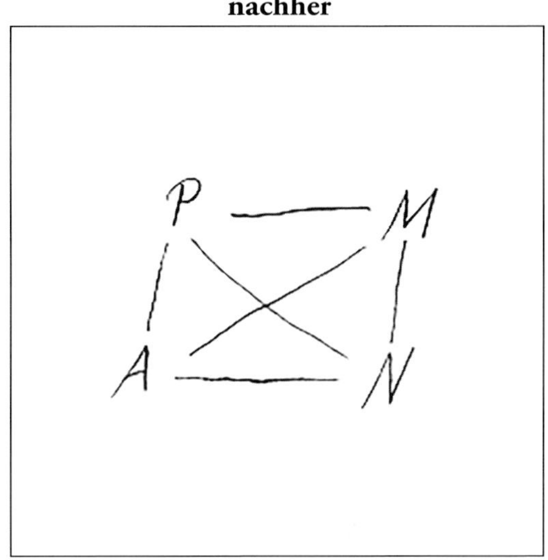

Aufgabe 3 der Standortbestimmung

vorher

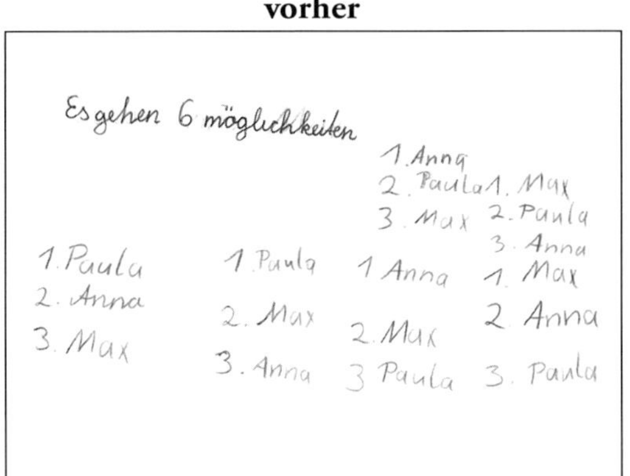

nachher

In diesem Fall löst eine Schülerin die drei Aufgaben vor und nach der Lerneinheit fehlerfrei. In beiden Fällen sind Strategien und Darstellungen ersichtlich. Der Lernzuwachs besteht darin, dass in der Abschluss-Standortbestimmung die Darstellungen, die in der Lerneinheit behandelt wurden, korrekt angewendet werden. Dadurch wird jedoch die kreative Eigenleistung im Vergleich zur Eingangs-Standortbestimmung gehemmt. In Aufgabe 1 verwendet die Lernende das **Tachometerzählprinzip**, ebenso in Aufgabe 2 gepaart mit dem **Additionsprinzip**. Die Zuhilfenahme von Farben, die ihr zuvor beim Strukturieren geholfen hat, bleibt bei der Abschluss-Standortbestimmung aus.

Rückblickend gibt es Kinder, die sich von Beginn an kombinatorischen Problemlöseaufgaben öffnen und bereits ihr strategisches Vorgehen unter Beweis stellen, indem sie mehrere Lösungen bzw. die vollständige Anzahl an Möglichkeiten finden. Der Zugewinn für leistungsstarke Schülerinnen und Schüler liegt demnach nicht im Erlangen von Strategien, sondern vielmehr in der Erweiterung und konkreten Anwendung ihres Strategierepertoires.
Im Gegensatz dazu dürfen leistungsschwächere Schülerinnen und Schüler nicht außer Acht gelassen werden. Der kreative offene Zugang, der bei kombinatorischen Problemlöseaufgaben gefordert wird, wird nicht allen Kindern gerecht. Manche werden überfordert und können die Barriere nicht von selbst überwinden. Dadurch verschließen sie sich vor dem Lösungsprozess und beenden die Aufgabe unvollständig oder fehlerhaft.

Abschließende Gedanken

Die Schülerinnen und Schüler sind nach der Lerneinheit in der Lage, die Tabelle und das Mengendiagramm anzuwenden und auf fremde Aufgabenstellungen zu übertragen. Das Baumdiagramm hingegen verlangt mehr Können von den Lernenden und sollte nicht direkt an den Anfang einer Einheit gesetzt werden. Dennoch ist das Baumdiagramm keine Darstellung, die man Grundschulkindern verwehren sollte, was auch die Abschluss-Standortbestimmung zeigt. Zwar nutzen nicht alle Kinder diese ikonische Darstellungsweise, aber besonders die erste Aufgabe „Outfits zusammenstellen“ zeigt, dass auch Grundschulkinder dazu in der Lage sind, es anzuwenden.

Sicherlich ist es nicht das Ziel, dass alle Kinder die Abschluss-Standortbestimmung ohne Fehler bewältigen. Es gibt auch Kinder, die nach der Einheit noch Schwierigkeiten mit Problemlöseaufgaben haben. Es wird deutlich, dass die Ausbildung von Strategien individuell verläuft und nicht bereits nach einer Lerneinheit vorausgesetzt werden kann.
Es bedarf – wie in allen Fächern – Wiederholungen zum Vertiefen. Vor allem um die Problemlösefähigkeit bei kombinatorischen Aufgaben zu schulen, sollte es immer wieder Einschübe geben, z. B. in Form von kleinen kombinatorischen Knobelaufgaben. Nur so kann es gelingen, dass die Kinder die Anordnungs- und Auswahlthematik hinter den einzelnen kombinatorischen Figuren erkennen. Positiv zu bewerten ist meiner Meinung nach die Offenheit von kombinatorischen Aufgaben. Diese sind flexibel zu formulieren und je nach gewünschtem Thema und Alltagsbezug beliebig abwandelbar. Zusätzlich fördern sie die Denkentwicklung bei den Kindern. Weiterhin kann positiv festgehalten werden, dass den Lernenden je nach ihrem Können eine Nutzung von verschiedenen Darstellungsebenen und Strategien geboten wird. Spielerisches Ausprobieren, zeichnerisches Darstellen oder gemeinsames Reflektieren und Kommunizieren lassen sich ohne großen Aufwand und Probleme kombinieren, was ein differenziertes Arbeiten für die Kinder ermöglicht und gleichzeitig die Kreativität und Strategiebildung der Kinder fördert.

An den weiterführenden Schulen können die Erfahrungen, die in der Grundschule gesammelt wurden, aufgegriffen werden. Neben der dort geforderten symbolischen Lösungsfindung mithilfe von Formeln sind die Vorerfahrungen zu intuitiven Herangehensweisen eine Hilfestellung. Ebenso kann die Kombinatorik im Bereich Stochastik als Grundlage dienen. Um Wahrscheinlichkeiten zu berechnen, ist es unerlässlich, die möglichen Fälle zu bestimmen. Auch hierbei kann erneut Bezug auf das Baumdiagramm genommen werden. Vor allem der Aufbau des Baums und die Kenntnis über die Entstehung der Pfade können beim Erklären der Rechenregeln innerhalb des Diagramms eine Hilfe sein.

Literatur

HOFFMANN, A. (2003): Elementare Bausteine der kombinatorischen Problemlösefähigkeit. Hildesheim/Berlin: Franzbecker.

KÜTTING, H. (1994): Didaktik der Stochastik, in: KNOCHE, N./SCHEID, H. (Hrsg.): Lehrbücher und Monographien zur Didaktik der Mathematik. Mannheim/Leipzig/Wien/Zürich: BI-Wissenschaftsverlag, Bd. 23.

SCHIPPER, W. (2009): Handbuch für den Mathematikunterricht an Grundschulen. Braunschweig: Schroedel.

Janine Elisabeth Neckenich

„Wir machen Matusik!" – Eine Idee zur fächerübergreifenden Auseinandersetzung mit kombinatorischen Aufgabenstellungen in einer vierten Klasse

Um Kindern das Verstehen ihrer Lebenswelt sowie das Erfassen und Erklären unterschiedlicher Phänomene auf mathematisch-logischem Wege zu ermöglichen, ist es sinnvoll, die oft vorherrschenden Fächergrenzen aufzubrechen und einen Blick über den Tellerrand zu wagen. Fächerübergreifender Unterricht bietet nicht nur die Möglichkeit, den Kindern einen Überblick und eine Einsicht in strukturelle Zusammenhänge zu ermöglichen (vgl. Reiter 2013, S. 46), sondern auch Interesse und Motivation der Schülerinnen und Schüler zu wecken, aufrechtzuerhalten und zu steigern. Dies wurde auch bei der empirischen Untersuchung zum vorliegenden Beitrag deutlich.

In einer vierten Klasse wurden parallel und zunächst auf Fächer begrenzt die Themen Kombinatorik und Notenlehre behandelt. Den Abschluss beider Einheiten stellte eine fächerübergreifende Unterrichtssequenz dar, in der die Kinder Kombinatorik zur Komposition nutzten. Wie diese Unterrichtssequenz aussah, was fachlich dahinter steckt und wie vorgegangen werden kann, wird im Folgenden dargestellt.

Von Pythagoras bis Mozart

Auch wenn in unserem Schulsystem die Fächer Mathematik und Musik als voneinander getrennte Disziplinen behandelt werden und selten ein Blick über den Tellerrand in Richtung des jeweils anderen Faches gewagt wird, ist die Verknüpfung eben dieser Fächer historisch nachzuvollziehen:

Es war einmal ein Mann, dessen Namen noch heute jedermann ein Begriff ist. Dieser Mensch bereitet manch einem Heranwachsenden noch heute Kopfzerbrechen oder Freude. Und alle kennen diesen Namen aus dem Mathematikunterricht und verbinden ihn in der Regel mit Dreiecken. Richtig – der Name dieses Mannes ist Pythagoras von Samos. Pythagoras ist als Philosoph und Mathematiker jedoch nicht nur für die Wissenschaft der Mathematik bedeutsam, sondern ebenso für die Wissenschaft der Musik. So bedeutend der Begriff des „Satz des Pythagoras" für den Mathematikunterricht ist, so bedeutend ist der Begriff des „Pythagoreischen Kommas" oder auch der „Pythagoreischen Stimmung" im Musikunterricht. Ohne an dieser Stelle zu weit ausholen zu wollen, geht es in diesem Zusammenhang um klangliche und physikalische Verhältnisse zwischen zwei oder mehreren Tönen. Dieses Beispiel soll jedoch verdeutlichen, auf welch eine simple Art und Weise sich Schnittstellen zwischen Mathematik- und Musikunterricht auffinden und thematisieren lassen. So kann man sich im Unterricht mit den physikalischen Eigenschaften von Klängen auseinandersetzen, die Benennung der Notenwerte und Taktarten mathematisch nachvollziehen oder auch auf mathematischem Wege kreativ

arbeiten. Dies ist zum Beispiel möglich, indem man Achsensymmetrie zur Komposition nutzt. Eine weitere Möglichkeit, Mathematik zur Komposition zu nutzen und somit interdisziplinär zu arbeiten, stellt der Themenkomplex „Kombinatorik" bereit. So lassen sich Kombinieren und Komponieren auf die gleiche grundlegende Handlung zurückführen: das Zusammenfügen (lat. combinare) oder auch das Zusammenstellen (lat. componere). Während sich in der Musik hohe und tiefe, lange und kurze Töne oder auch einzelne bereits bestehende Takte zu einer Melodie zusammenstellen lassen, befasst sich die Kombinatorik damit, auf welche Weisen Elemente zusammengefügt werden können und wie viele Möglichkeiten es jeweils gibt (vgl. Kütting/Sauer 2011, S. 129).
Bei den „Mozartschen Würfelspielen" (von Wolfgang Amadeus Mozart, 18. Jh.) wird die oben geschilderte Idee, bereits bestehende Takte zu einem Stück zusammenzusetzen, genutzt. Mozart oder auch Kirnberger haben durch das Erstellen von Rohmaterialien das Erwürfeln von Walzern und Menuetten ermöglicht. Durch das Werfen von zwei Würfeln werden Takte, die nummeriert in einem Raster aufgelistet sind, ausgewählt. Die erhaltenen Takte werden nach und nach aneinandergereiht, bis ein vollständiges neues Stück entstanden ist (vgl. Beutelspacher 2015, S. 70 ff.).

Eben diese Idee Mozarts wurde didaktisch reduziert und so aufbereitet, dass sie in einer vierten Klasse zur fächerübergreifenden Arbeit geeignet ist. Im Folgenden sollen dazu kurz grundlegende Einheiten aus dem Mathematik- und dem Musikunterricht vorgestellt werden. Anschließend wird die fächerübergreifende Idee erläutert und durch Beispiele aus der Praxis ergänzt.

Wie Matusik entsteht

Im Rahmen der Durchführung gab es zwei Bereiche, die beachtet werden sollten: die Bearbeitung von kombinatorischen Aufgaben sowie die Bearbeitung kombinatorischer Aufgaben mit musikalischen Inhalten. Dafür bedarf es nicht nur einer Unterrichtssequenz, die Raum für die Auseinandersetzung mit kombinatorischen Inhalten bietet. Es bedarf auch einer Einheit in Mathematik zur Einführung der Kombinatorik sowie einer Einheit in Musik zur Einführung der Notenschrift. Der Unterricht in Musik umfasste im vorliegenden Beispiel mehr Stunden als der in Mathematik zur Kombinatorik, sodass zuerst mit der Einführung der Notenschrift begonnen wurde. Die Einführung der Kombinatorik im Mathematikunterricht erfolgte später parallel zu den Musikstunden, sodass am Ende beide Einheiten ihren Abschluss in der Bearbeitung kombinatorischer Aufgaben mit musikalischen Inhalten gefunden haben.

Kombinatorik mit Ida und Ingo

Wie wir in vorherigen Kapiteln des Buches bereits erfahren haben, werden Kinder schon früh in ihrem Lebensumfeld mit kombinatorischen Problemen konfrontiert, wodurch die Kombinatorik zum Bestandteil der Erfahrungswelt des Kindes sowie zum entscheidenden Werkzeug zur Umwelterschließung wird (vgl. Neubert 2011, S. 89). Es bietet sich also an, kombinatorische Aufgaben so auszuwählen, dass sie der Lebenswelt der Lernenden entsprechen. Dadurch entsteht die

Chance, dass die Aufgaben die Kinder emotional ansprechen und so auch die Motivation gefördert wird (vgl. ebd., S. 90). Aus diesen Gründen wurden für die Einheit die Igel Ida und Ingo erfunden, die in ihren täglichen Erlebnissen immer wieder auf kombinatorische Aufgaben stoßen. Durch diese Konzeption wird den Viertklässlerinnen und Viertklässlern eine Identifikation mit den Figuren ermöglicht. Gleichzeitig werden die Kinder aber auch als Experten herausgefordert, die den Igeln in verschiedenen Situationen helfen sollen. Bei der Zusammenstellung der Aufgaben wurde zudem darauf geachtet, dass die Schülerinnen und Schüler mit unterschiedlichen Lösungswegen und auf unterschiedlichen Darstellungsebenen (nach Bruner) arbeiten können. Neben dieser qualitativen Differenzierungsform werden den Kindern im Rahmen der quantitativen Differenzierung neben den Pflichtaufgaben auch Zusatzaufgaben bereitgestellt.

Ziel der Einheit ist, dass die Lernenden den Begriff der Kombinatorik kennen und im Sinne einer mathematischen Fachsprache adäquat gebrauchen. Die Kinder lösen kombinatorische Probleme eigenständig auf unterschiedlichem Wege. Als Handwerkszeug dazu kennen sie neben selbstständig gefundenen Wegen das Baumdiagramm sowie die Produktregel und können diese korrekt umsetzen. Zum Erreichen dieser Ziele wurden kombinatorische Aufgaben in den Unterricht einbezogen, die mithilfe des „Allgemeinen Zählprinzips der Kombinatorik" gelöst werden können sowie solche, die den Aufgabentypen der Variation mit und ohne Wiederholung entsprechen. Beide Aufgabenformate stellen eine Voraussetzung für die im Weiteren vorgestellte fächerübergreifende Sequenz dar.
Da im Idealfall Lernende im vierten Schuljahr bereits einige Erfahrungen mit kombinatorischen Aufgaben gesammelt haben sollten, kann die Einheit relativ kurz gehalten werden. Wichtig ist, dass den Kindern das Entwickeln eines Verständnisses für kombinatorische Fragestellungen ermöglicht wird und sie mit beiden oben genannten Aufgabentypen selbstständig umgehen und Lösungsstrategien entwickeln können.

Die Einheit der vorliegenden Untersuchung umfasste folgende Aufgaben, bei denen immer nach dem „Wie" (... lässt sich etwas kombinieren?) sowie nach dem „Wie viele?" (... Kombinationsmöglichkeiten gibt es?) gefragt wurde. Die Bearbeitung der Aufgaben fordert und fördert vor allem die Kompetenzen *Darstellen* und *Problemlösen* (vgl. Hessisches Kultusministerium 2011).

Aufgabe 1: Ingo packt seinen Koffer

Es wird der Frage nachgegangen, wie viele und welche Möglichkeiten es gibt, zwei T-Shirts und zwei Hosen miteinander zu kombinieren. Die Aufgabe stellt eine gute Möglichkeit dar, die Schülerinnen und Schüler zunächst einen eigenen Lösungsweg entwickeln zu lassen. Durch das Hinzufügen einer weiteren Hose kann die Aufgabe erweitert werden.

Aufgabe 2: Idas Urlaubskleidung

Die Kleiderfrage wird erweitert auf zwei Hüte, drei Shirts und zwei Röcke. Ebenso wie in der vorherigen Aufgabe können die Lernenden einen selbst entwickelten Lösungsweg nutzen. Anhand der beiden Aufgaben kann, je nach

Lernstand der Kinder, das Erstellen eines Baumdiagrammes erarbeitet werden.

Aufgabe 3: Ingo und Ida feiern Geburtstag

Zur Feier wird ein Speiseplan mit zwei verschiedenen Vorspeisen, zwei verschiedenen Hauptspeisen sowie drei verschiedenen Nachspeisen erstellt. Die Aufgabe schließt sich mathematisch den ersten beiden an. Im Idealfall können die Kinder unter Einbezug des Baumdiagrammes hier an das Entwickeln beziehungsweise „Entdecken" der Produktregel herangeführt werden.

Aufgabe 4: Ingos und Idas Stundenplan

Diese Aufgabe stellt eine Variation mit Wiederholung dar. Die Kinder erhalten Informationen darüber, wie viele Unterrichtsstunden an welchem Wochentag liegen werden und welche Unterrichtsfächer es gibt. Zunächst soll erarbeitet werden, wie viele Möglichkeiten es an den einzelnen Schultagen gibt, den Stundenplan zu erstellen. In einer weiteren Teilaufgabe wird die Einschränkung gegeben, dass in der ersten Stunde jedes Tages Mathematik unterrichtet wird. Bei der Untersuchung hat sich gezeigt, dass diese Aufgabe eine große Herausforderung für die Kinder darstellt. Fällt den Kindern das Multiplizieren im Zahlenraum bis zur Million noch schwer, oder wurde dies noch nicht erarbeitet, lässt sich die Aufgabe durch ein „Rechne so weit wie möglich!" ergänzen. Die Aufgabe wird so geöffnet und der Schwerpunkt auf den Lösungsweg gelegt. Liegt die Schwierigkeit überwiegend beim Finden eines rechnerischen Lösungsweges, ist es für die Kinder sehr hilfreich, den Schritt zurück auf die enaktive oder die ikonische Ebene zu gehen und einen Tag gemeinsam durchzuarbeiten.

Aufgabe 5: Ingos und Idas erste Mathematikstunde

Es wird der Frage nachgegangen, wie viele Türme sich aus vier verschiedenfarbigen Steinen bauen lassen, wenn der Turm aus drei Steinen bestehen soll. In einem zweiten Schritt wird die Einschränkung hinzugefügt, dass der Turm aus drei verschiedenen Farben erstellt werden soll. Bearbeiten die Kinder diese Aufgabe, lässt sich gut beobachten, wer den Transfer eigenständig herstellen kann. Im Idealfall sollte die Klasse danach so vertraut mit den verschiedenen Aufgabentypen der Kombinatorik sein, dass die fächerübergreifende Sequenz eingeleitet werden kann. Dies lässt sich durch intensive Reflexionsphasen nach jeder Aufgabe begünstigen.

Die Schrift der Musiker

Damit die Kinder mit den fächerübergreifenden Aufgabenstellungen adäquat umgehen können, bedarf es nicht nur mathematischer Kompetenzen, wie sie geschildert wurden, sondern ebenso musikalischer Kompetenzen. Gefordert wird bei der Bearbeitung kombinatorischer Aufgaben mit musikalischen Inhalten, dass die Kinder Noten lesen und diese in Form von Klängen reproduzieren können. Um Noten lesen zu können, benötigt man Wissen über Notenschlüssel und Notennamen ebenso wie über Metrik und Rhythmik. Das Können, Noten zu lesen, wird durch einen Entwicklungsprozess erlangt. Es braucht viel Zeit, bis Name und Wert einer Note ohne große Überlegungen bestimmt werden können. Vor allem aber bedarf es ausreichender Möglichkeiten, das Notenlesen anwenden zu können. Nur durch handlungsorientiertes Lernen kann die Kompetenz vollständig erworben werden und den Lernenden langfristig erhalten bleiben.

Aus diesem Grund wurde die Einheit in zwei Blöcke gegliedert. Der erste Block umfasste etwa vierzehn Unterrichtsstunden, in denen die Schülerinnen und Schüler den Violinschlüssel, die Notennamen, die Notenwerte und die Zählzeiten kennenlernten. Durch den Einsatz von Boomwhakers konnte ein Theorie-Praxis-Bezug hergestellt werden. Anwenden konnten die Kinder ihr neu erworbenes Wissen am Ende des Blocks, indem ein kleines Lied auf Stabspielen selbstständig eingeübt wurde.

Der zweite Block der Einheit wurde etwas später und parallel zur Einheit im Mathematikunterricht durchgeführt. Die Grundlagen wurden durch einen Stationenbetrieb intensiv wiederholt. Dabei wurden ein Noten-ABC und ein Rhythmus-Einmaleins erstellt. Im Anschluss wurde die Theorie auf die Praxis übertragen, indem die Kinder, wie bereits im ersten Block, kleine Lieder auf Stabspielen in Gruppenarbeit erlernt haben.

Anzumerken ist, dass der zweite Block der Einheit unter dem Liedtitel „Wie klingt deine Melodie?“ aus dem Kindermusical „Der Notenbaum“ (vgl. Eicke/Faber 2007, S. 6 ff.) eingeführt wurde. Das Lied wurde gesungen und auf Stabspielen gespielt. Dafür wurde es zudem nach C-Dur transponiert, um das Behandeln von Vorzeichen auszugrenzen. Unter diesem Titel sollen ebenso die fächerübergreifenden Stunden stattfinden. Die kombinatorischen Aufgaben ermöglichen den Kindern, eine eigene Melodie zusammenzustellen, die es wohl so zuvor nicht gab. In Kleingruppen erarbeiten sie also ihre eigene Melodie und bringen sie zum Klingen.

„Wie klingt *DEINE* Melodie?“

Inspiriert von den Konzepten nach Mozart und Kirnberger, wie sie oben bereits kurz geschildert wurden, wurde das Lied „Wie klingt deine Melodie?“ für die fächerübergreifenden Unterrichtsstunden nach C-Dur transponiert und in einzelne Takte zerlegt. So können die Kinder aus bereits bekannten Melodiestücken eine neue Melodie kombinieren.

Des Weiteren wurden zwei verschiedene Aufgabensequenzen erstellt. Die Klasse wurde in vier Kleingruppen aufgeteilt (mit je vier Kindern in einer Gruppe). Je zwei Gruppen behandelten die gleiche Aufgabensequenz.

Durch die Bearbeitung der Aufgaben in Kleingruppen waren die Kinder bei der Herstellung eines Transfers nicht auf sich selbst gestellt, sondern konnten gemeinsam Lösungsschritte besprechen, durchführen, reflektieren, gegebenenfalls revidieren und erneuern. Die Gruppen wurden bewusst heterogen im Hinblick auf die Leistung zusammengestellt. So konnten Leistungsstarke Leistungsschwächeren helfen, die so eine Möglichkeit haben, von ihren Mitschülerinnen und Mitschülern zu lernen. Eine leistungshomogene Zusammenstellung wird sich wohl ebenso bewähren, da somit die Kinder eher die Möglichkeit erhalten, ihrem individuellen Leistungsstand entsprechend an der Aufgabe zu arbeiten. Außerdem wird so verhindert, dass sich leistungsschwächere Kinder mit dem Einbringen ihrer Ansätze zurückhalten.

Für die Bearbeitung der gesamten Sequenz, sprich, inklusive des Einübens der neuen Melodie auf Stabspielen, erhielten die Lernenden zwei Doppelstunden an zwei aufeinanderfolgenden Vormittagen. Ebenso wie der Aspekt der Gruppenzusammenstellung sollte auch der Zeitaspekt in jedem Fall von den Voraussetzungen der Lerngruppe abhängig gemacht werden. In Form einer weiteren Zusatzaufgabe konnten die Gruppen außerdem Plakate zu ihren neuen Erkenntnissen gestalten.

Zur Bearbeitung wäre es zudem ideal, wenn die Kleingruppen auf verschiedene Räumlichkeiten aufgeteilt werden könnten. Vor allem bei dem Gebrauch von Musikinstrumenten kann den Schülerinnen und Schülern nur auf diese Weise ein konzentriertes Arbeiten ermöglicht werden. Eine weitere Möglichkeit ist, diese fächerübergreifenden Sequenzen parallel zum laufenden Unterricht einzusetzen, sodass immer nur eine Gruppe daran arbeitet.

Um das selbstständige Lernen und Erarbeiten weitestgehend zu unterstützen, wurden Helferkärtchen bereitgestellt. Hat das Diskutieren verschiedener Ansätze in der Gruppe keinen Fortschritt erbracht, konnten sich die Heranwachsenden dieser Karten bedienen. Helferkärtchen wurden zu dem Erstellen einer Rechnung, eines Baumdiagrammes sowie zu den Notennamen und -werten erstellt. Ebenso wurde den Kindern eine Reihe an Adjektiven bereitgestellt, mit denen die erarbeitete Melodie beschrieben werden kann. Gaben auch die Karten nicht genug Aufschluss, durften die Kinder die Lehrperson um Hilfe bitten.

Die Bearbeitungszeit in Kleingruppen begann nach einem Einstieg im Plenum. Eingeleitet wurden die fächerübergreifenden Stunden damit, dass die Igel Ingo und Ida nach den Sommerferien in ihrer ersten Musikstunde alle Takte des Liedes „Wie klingt deine Melodie?" durcheinanderwerfen und nun neu zusammenfügen müssen. Beispielhaft wurden in der Klasse vier Takte ausgewählt und aneinandergereiht. Anschließend wurde danach gefragt, ob dies die einzige Möglichkeit sei, die Takte miteinander zu kombinieren. Dadurch bemerkten die Schülerinnen und Schüler, dass es „ganz viele" Möglichkeiten gibt und dies „ja so ist wie in Mathe". Ein erster Zusammenhang zwischen den sonst getrennt voneinander behandelten Fächern Mathematik und Musik wurde somit hergestellt.

Auch der Abschluss der fächerübergreifenden Stunden fand im Klassenverband statt. Die Lernenden stellten in Gruppen ihre Bearbeitung mit Aufgabenstellung, Lösungsweg und Ergebnis vor. Die eigenen Melodien wurden auf Stabspielen vorgespielt und die Plakate präsentiert. Dabei stand ausreichend Zeit zur Verfügung, um die Vorstellungen der einzelnen Gruppen zu reflektieren.

Zum Abschluss der Einheit fand ein Gespräch im Sitzkreis statt, in welchem über den in den Aufgaben hergestellten Zusammenhang zwischen Mathematik und Musik gesprochen wurde. Außerdem wurden die Kinder dazu angeregt, weitere Beispiele aus der Musik zu finden, die sich der Mathematik bedienen. Die Kinder erkannten hier den mathematischen Hintergrund bei der Benennung der Notenwerte.

Im Folgenden werden beide Aufgabensequenzen vorgestellt, fachliche Hintergründe aufgezeigt und schließlich Beispiellösungen von Schülerinnen und Schülern dargestellt.

Die Aufgabensequenz 1

Mache es wie Ingo und Ida und kombiniere die Takte zu einer neuen Melodie! Dafür hast du hier sechs Takte:

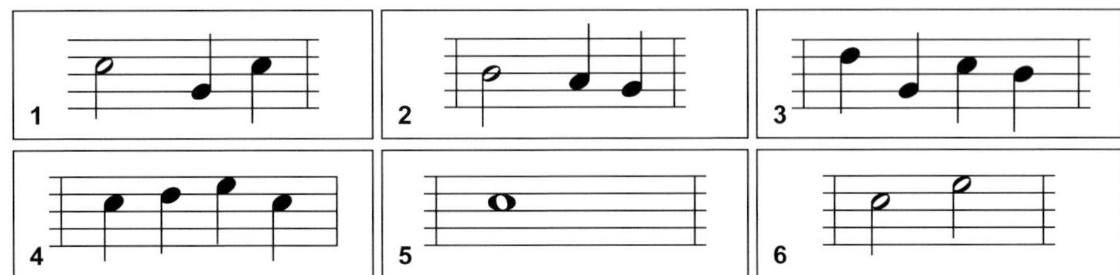

Würfle vier Mal und schreibe die Takte in der Reihenfolge auf, wie sie gewürfelt wurden. So bekommst du deine neue, eigene Melodie, die aus vier Takten besteht!

Wie viele Möglichkeiten gibt es, die Takte miteinander zu kombinieren, wenn du jeden Takt so oft nehmen darfst, wie du möchtest? Denke daran, dass die Melodie aus vier Takten bestehen soll. Rechne so weit wie möglich.

Wie viele Möglichkeiten würde es geben, wenn immer der Takt Nummer 1 an erster Stelle stehen würde?

Wie viele Möglichkeiten würde es geben, wenn du zehn Takte zur Auswahl hättest? Rechne so weit wie möglich.

Glaubst du, dass ein anderes Kind deiner Klasse dieselbe Melodie würfelt wie du (ihr würfelt nicht gemeinsam!)? Begründe deine Antwort.

Versuche nun, mit deiner Gruppe die neue Melodie auf Stabspielen zu spielen.

Diese Aufgabensequenz ist unmittelbar an die Mozartschen Würfelspiele angelehnt. Den Lernenden werden 6 Takte dargeboten. Durch viermaliges Würfeln mit einem Würfel erhalten die Kinder aus diesen sechs Takten eine kleine neue Melodie.

Mathematisch betrachtet liegt bei dem Prinzip Mozarts, wie auch in dieser Aufgabe, eine Variation mit Wiederholung vor. In dieser Aufgabe ergeben sich somit $6^4 = 1.296$ Möglichkeiten, eine Melodie zu erwürfeln. Durch das Erwürfeln der Melodie findet gleichzeitig der Zufallsgenerator „Würfel“ Bedeutung. Welche Melodie am Ende entsteht, ist zufällig und nicht beeinflussbar. Dadurch ermöglicht die Bearbeitung einer solchen Aufgabenstellung nicht nur die Behandlung der Kombinatorik, sondern auch von Zufall und Wahrscheinlichkeit. Eine solche inhaltliche Öffnung wird in der Aufgabe durch die Frage gegeben, ob die Kinder glauben, dass eine Mitschülerin oder ein Mitschüler die gleiche Melodie würfelt. Mit dieser Frage werden die Kinder dazu angehalten, über die Wahrscheinlichkeit dieses Falles nachzudenken und eben diese zu beurteilen.

Inhaltlich schließen die Aufgaben an die zuletzt genannten Aufgaben aus dem Mathematikunterricht (Aufgabe 5: Ingos und Idas erste Mathematikstunde) an, die sich auf rechnerischem Wege lösen lassen. Somit ist die Bearbeitung der Frage, wie viele Möglichkeiten es zur Kombination der Takte gibt, auf symbolischer Ebene angesiedelt. Aufgrund der hohen Anzahl aller Möglichkeiten ist eine enaktive oder auch ikonische Erarbeitung nicht möglich. Die Lernenden müssen somit einen Transfer zwischen eben diesen Aufgaben herstellen.

Schülerlösungen

Eine Gruppe, die sich mit dieser Aufgabe befasste, setzte sich aus Jonas, Emil, Leonie und Moritz zusammen. Sie haben den rechnerischen Weg zur Bearbeitung der Aufgabe gewählt und somit den wichtigen Schritt des Wählens einer Lösungsstrategie erfolgreich gesetzt. Nachdem die Kinder folgende Melodie erwürfelt hatten, wurde die Bearbeitung der Mathematikaufgaben gefordert.

Die erste Aufgabe, die nach der Anzahl aller Möglichkeiten fragt, wurde umgehend durch das Notieren einer richtigen Rechnung bearbeitet. Wie die Kinder beim Erstellen der Rechnung vorgegangen sind, ist an dieser Stelle nicht ersichtlich, jedoch bei der zweiten Mathematikaufgabe. Zudem sind das Bemühen und der Ehrgeiz, die Multiplikationsaufgabe vollständig zu lösen, anzuerkennen.

36 · 36 = 1296

Bei den Aufzeichnungen zur zweiten Fragestellung lässt sich wie erwähnt die Strategie der Kinder erkennen. Es wird danach gefragt, wie viele mögliche Melodien es gibt, wenn Takt Nummer eins immer an erster Stelle steht. Das Vorgehen, das die Lernenden gemeinsam wählten, um eine passende Rechnung zu erstellen, ist interessant. Sie skizzierten zunächst vier Kästchen, die stellvertretend für die vier zu erwürfelnden Takte stehen sollen. Anschließend wurde in jedes Kästchen die Zahl eins beziehungsweise sechs hineingeschrieben, die die Möglichkeiten markieren, die zum Ausfüllen jedes Taktes zur Verfügung stehen.

1. Takt
1 · 6 · 6 · 6
6 · 36 = 180 + 36 = 216

Ein Transfer von den bereits erarbeiteten Aufgaben hin zu Aufgaben außermathematischen Inhaltes ist den Viertklässlerinnen und Viertklässlern somit gelungen. Von der erstellten grafischen Übersicht ausgehend ist ihnen auch das Erstellen einer Rechnung gelungen. Somit kann auch festgehalten werden, dass die Kinder beginnend auf ikonischer Ebene ein Ergebnis auf symbolischer Ebene erarbeitet haben. Interessant ist an dieser Stelle jedoch die Bearbeitung der dritten Fragestellung. Hier zeigt sich, dass die Rechnung, trotz des erfolgreichen Transfers in Fragestellung eins und zwei, noch nicht vollständig nachvollzogen werden konnte. Die dritte Aufgabestellung fragt nach allen Möglichkeiten zum Erwürfeln einer Melodie unter der Bedingung, dass zehn Takte zur Verfügung stehen. Statt die Zahl zehn viermal miteinander zu multiplizieren, sprich, die korrekte Rechnung $10^4 = 10.000$ zu erstellen, berechneten die Schülerinnen und Schüler 6^{10}. In einem Gespräch zwischen den Lernenden und der Lehrkraft wurde deutlich, dass sich dieser Fehler daraus ergeben hat, dass die Kinder noch nicht zwischen den Stellungen der Faktoren in der Rechnung unterscheiden konnten. Bei dem Erstellen der erforderten Rechnung gilt es *n* auszumachen, also die zur Verfügung stehenden Plätze, ebenso *m*, das heißt, die Anzahl der zur Verfügung stehenden Elemente. So müssten die Kinder erkennen, dass ihnen für jeden der erforderten vier Takte zehn verschiedene Takte zur Verfügung stehen. Somit haben sie vier Mal zehn Möglichkeiten, eine Melodie zusammenzusetzen. Dieser Schritt ist den Heranwachsenden nicht gelungen.

6 · 6 · 6 · 6 · 6 · 6 · 6 · 6 · 6 · 6
36 · 36 · 36 · 36 · 36

Ferner soll ein kurzer Blick auf die Bearbeitung der Frage nach der Wahrscheinlichkeit gerichtet werden. Die Schülerinnen und Schüler antworten auf diese Frage: „Nein[,] weil es sehr unwahrscheinlich ist[,] das[s] man genau das [S]elbe würfelt." Die Kinder gebrauchen nicht nur den Begriff „unwahrscheinlich", den sie laut den Bildungsstandards Ende der vierten Jahrgangsstufe adäquat im Sinne einer Fachsprache gebrauchen sollen (vgl. Hessisches Kultusministerium 2011, S. 19, 21), sondern setzen ihn auch in Bezug zum Zufallsgenerator Würfel. Ihnen ist somit bewusst, dass das Würfeln einer Zahl zufällig geschieht.

An dieser Stelle lässt sich kurz zusammenfassen, dass die Kinder einen guten Weg gefunden haben, die Aufgabe zu lösen, und ihr, in den vergangenen Mathematikstunden erworbenes Wissen angewendet haben.

Die zweite Gruppe, die sich mit dieser Aufgabensequenz befasste, setzte sich aus Alexandra, Luisa, Ali und Benedikt zusammen. Nachdem die Gruppe die Melodie erwürfelt hatte, haben auch sie den Bezug zu Aufgabe drei (vgl. oben: Ingo und Ida feiern Geburtstag) der Einheit in Mathematik hergestellt.

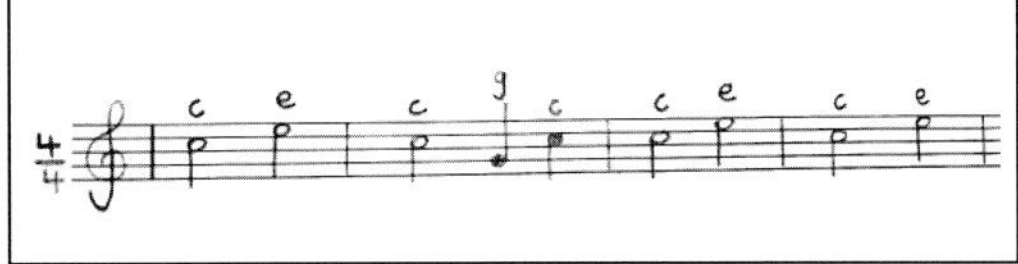

Die Kinder haben die Takte in Form von Kästchen aufgezeichnet und auf diesem Wege ebenso wie Gruppe eins die richtigen Rechnungen zur Bearbeitung der ersten zwei Fragestellungen erarbeitet. Die Frage nach den Möglichkeiten, wenn aus zehn Takten gewählt werden darf, hat diese Gruppe richtig beantwortet. Die Gruppe hat somit die zehn Takte als zur Auswahl stehende Menge erkannt und einen korrekten Transfer zu den bereits erarbeiteten Aufgaben hergestellt.

10 · 10 · 10 · 10
= 100 · 100 = 10.000

Auf die Frage nach der Wahrscheinlichkeit eines wiederholten Würfelns der Melodie haben sie wie folgt geantwortet: „Nein[,] es sind zu viele [M]öglichkeiten."

Im Vergleich zur ersten Gruppe haben die Kinder die Begriffe „wahrscheinlich" oder „unwahrscheinlich" nicht verwendet. Auch haben sie nicht den Bezug zum Würfel als Zufallsgenerator hergestellt. Bei der Begründung ihrer Antwort haben sie sich auf die

Anzahl aller Möglichkeiten, eine Melodie von vier Takten mithilfe von sechs zur Verfügung stehender Takte zu erstellen, bezogen. Sie haben sich somit direkt der Anzahlbestimmung bedient, um die Wahrscheinlichkeit eines wiederholt auftretenden Experimentes einzuschätzen.

Es lässt sich zusammenfassen, dass die Viertklässlerinnen und Viertklässler die Aufgabensequenz erfolgreich bearbeitet haben. Sie konnten einen Transfer zwischen bereits erlernten Inhalten und der neuen gegebenen Aufgabenstellung herstellen. Vor allem aber konnten sie die Aufgaben bearbeiten, ohne sich durch die gegebenen musikalischen Inhalte irritieren zu lassen. Dabei ist zu bemerken, dass beide Gruppen in gleichem Maße Lehrerimpulse gefordert haben, die entscheidenden Schritte für das Herstellen des Transfers jedoch durch die Schülerinnen und Schüler gegangen wurden. Eine vollständig selbstständige Erarbeitung der Aufgabensequenz ist somit nicht auszumachen. Da die Kinder ihr erworbenes Wissen jedoch ohne Vorgabe einer Lösungsstrategie angewendet und so einen adäquaten Lösungsweg gefunden haben, ist die Bearbeitung der Aufgaben als erfolgreich zu betrachten.

Die Aufgabensequenz 2

Mache es wie Ingo und Ida und kombiniere die Takte zu einer neuen Melodie! Dafür hast du unten vier Kästen, die unterschiedlich mit Takten gefüllt sind. In Kasten 1 sind die Takte für den ersten Takt deiner Melodie, in Kasten 2 die Takte für den zweiten Takt usw.

Wähle aus jedem Kasten einen Takt aus und schreibe so deine neue, eigene Melodie auf.

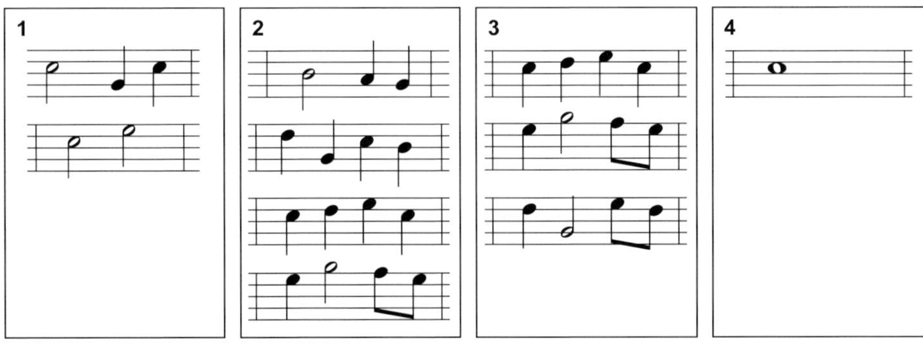

Welche Möglichkeiten gibt es, die Takte miteinander zu kombinieren? Schreibe deinen Lösungsweg übersichtlich auf.

Wie viele Möglichkeiten gibt es?

Glaubst du, dass ein anderes Kind deiner Klasse genau dieselbe Melodie erfindet wie du, ohne dass ihr euch absprecht? Begründe deine Antwort.

Versuche nun, mit deiner Gruppe die neue Melodie auf Stabspielen zu spielen.

Im Vergleich zur ersten Aufgabensequenz stellt diese keine direkte Ableitung der Würfelspiele von Mozart dar. Die Aufgabe wurde so konstruiert, dass die Takte nicht durch Zufall, sondern bewusst von den Kindern ausgewählt werden. Dafür wurden einzelne Takte aus dem bereits bekannten Lied in vier nummerierte Päckchen geordnet. So dürfen die Kinder zum Beispiel aus dem ersten Päckchen den ersten Takt auswählen und aus dem zweiten Päckchen den zweiten Takt. Dieser Arbeitsauftrag schließt somit an die Aufgaben aus der Mathematikeinheit an, bei denen die Anzahl aller Möglichkeiten unter Anwendung der Produktregel ermittelt wird.

Auch wenn bei der Bearbeitung dieser Sequenz der Würfel als Zufallsgenerator keinen Einsatz findet, werden die Lernenden angehalten darüber nachzudenken, ob ein anderes Kind mithilfe der gegebenen Takte wohl dieselbe Melodie erfindet. So findet auch hier eine Öffnung der Aufgabe statt, die als Überleitung zu einer inhaltlichen Behandlung von Zufall und Wahrscheinlichkeit dienen kann. Es muss im Bezug zur Anzahl aller Möglichkeiten des Erstellens einer Melodie die Wahrscheinlichkeit eingeschätzt werden. Dies ermöglicht den Kindern die Erkenntnis, dass die Anzahlbestimmung, wie sie bei der Kombinatorik gebraucht wurde, bei der Bestimmung von Zufällen und Wahrscheinlichkeiten von Bedeutung ist.

Unter Anwendung der Produktregel findet eine Bearbeitung der Aufgabe auf symbolischer Ebene statt. So kann auf rechnerischem Weg ermittelt werden, dass es $2 \cdot 4 \cdot 3 \cdot 1 = 24$ Möglichkeiten gibt, eine Melodie zusammenzustellen. Entgegen der ersten Aufgabensequenz kann diese jedoch auch auf ikonischer Ebene durch das Erstellen eines Baumdiagrammes bearbeitet werden.

Schülerlösungen

Diese Aufgabensequenz wurde von Jana, Lars, Marc und Felix in einer Gruppe (Gruppe drei) sowie von Lara, Luca, Florian und Mara in einer Gruppe (Gruppe vier) bearbeitet. Das Vorgehen der beiden Gruppen gleicht sich stark, wobei von vornherein anzumerken ist, dass beide Gruppen Startschwierigkeiten beim Finden eines adäquaten Lösungsweges hatten. Zudem haben beide Gruppen zwei beziehungsweise mehrere Anläufe benötigt, um das Baumdiagramm richtig zu erstellen. Die Vorgehensweisen sollen beispielhaft an Gruppe drei aufgezeigt und anschließend durch alternative Aufzeichnungen der Gruppe vier ergänzt werden.

Gruppe drei hat die zur Verfügung stehenden Takte folgendermaßen zu einer neuen Melodie bestehend aus vier Takten zusammengefügt:

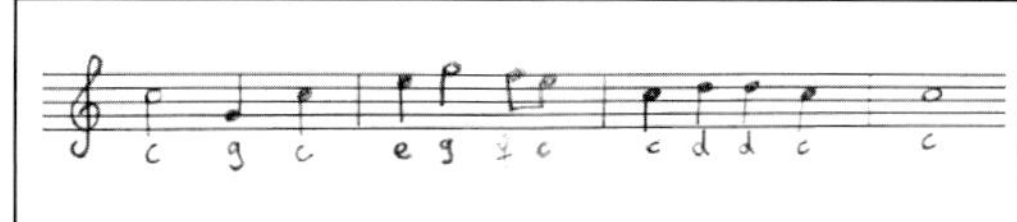

Zur mathematischen Bearbeitung der weiteren Fragestellungen markierten die Mädchen und Jungen die verschiedenen Takte, indem sie sie mit unterschiedlichen Farben umkreisten. Dadurch erstellten sie Symbole für die einzelnen Takte, mit denen es sich besser arbeiten ließ.

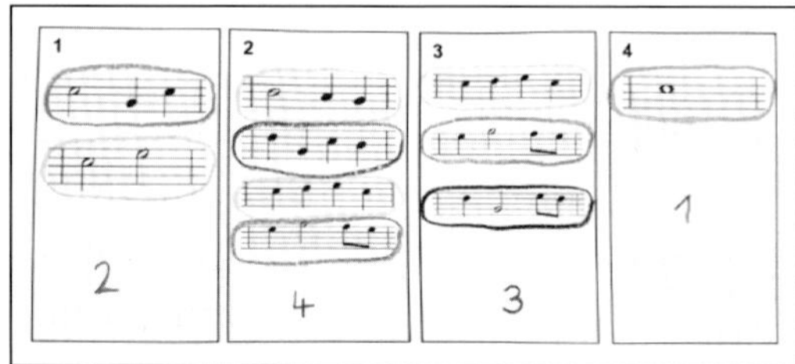

Außerdem notierten sich die Heranwachsenden in jedem Kästchen die Anzahl aller zur Verfügung stehenden Elemente. Dadurch konnten sich die Mädchen und Jungen verdeutlichen, auf welcher Stufe des Entscheidungsprozesses und später des Baumdiagrammes wie viele Elemente zur Auswahl stehen. Mithilfe dieser Markierungen und Notizen haben sich die Lernenden eine gute Grundlage zum Erstellen eines Baumdiagrammes geschaffen. Eine Schwierigkeit stellte nun das Herstellen eines vierstufigen Baumdiagrammes dar. Dieses Problem zeichnet sich in den anfänglichen Versuchen deutlich ab. Bei genauer Betrachtung lässt sich feststellen, dass die Kinder mehrere Versuche starteten, um die Darstellung zu erstellen. Bei diesem Prozess sind sowohl zweistufige, wie auch dreistufige Bäume entstanden, eine vierstufige Grafik jedoch noch nicht. Anzumerken gilt es, dass die Kinder erkannt haben, dass von den Takten des ersten Päckchens ausgegangen werden muss. Somit konnten sie die erste Stufe richtig ausmachen. Ab der zweiten Stufe des Diagrammes traten die Schwierigkeiten auf.

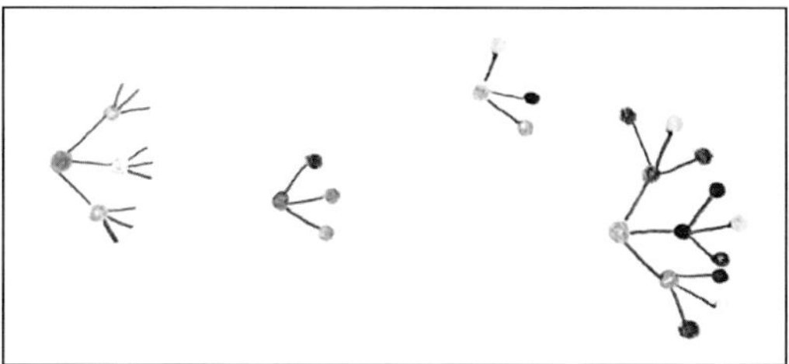

Anhand dieser Aufzeichnungen kann festgestellt werden, dass die Kinder Unsicherheiten darin zeigten, aus welchen Elementen (Takten) sich die zweite Stufe des Baumdiagrammes zusammensetzt. Beim ersten Versuch ist zu erkennen, dass die Schülerinnen und Schüler auf der zweiten Stufe aus den Päckchen zwei bis vier je einen Takt gewählt haben. An diese Takte wurden je drei Äste gezeichnet, eine weitere Verästelung jedoch abgebrochen. Dieser Abbruch lässt sich darauf zurückführen, dass die Kinder erkannt haben, dass ein Fehler vorliegt. Die weiteren Versuche zeigen jedoch, dass die Fehlerursache noch nicht entdeckt wurde. Versuch zwei und drei wurden ebenfalls schnell abgebrochen, Versuch vier weiter erarbeitet. Auch beim vierten Versuch wird die zweite Stufe des Baumdiagrammes aus je einem Takt aus Päckchen zwei bis vier zusammengesetzt. Die dritte Stufe der Darstellungsform hingegen besteht aus den drei übrigen Takten des zweiten Päckchens. Dieser Schritt ist bedeutend, da die Kinder an dieser Stelle wieder erkannt haben, dass auf einer Stufe die Takte eines Päckchens anzusiedeln sind. Die Kinder gewinnen daraus also die Erkenntnis, dass pro Stufe des Baumdiagrammes ein Päckchen bearbeitet wird. Auf diesem Weg ist ihnen in einem fünften Versuch die vollständige Erarbeitung eines inhaltlich richtigen Baumdiagrammes gelungen. Mithilfe dieser Darstellung konnten sie anschließend auch eine Rechnung aufstellen. Durch das Erstellen der Produktregel ist der Gruppe die Bearbeitung der Aufgabe nicht nur auf ikonischer, sondern ebenso auf symbolischer Ebene gelungen. Bei der Beantwortung der Frage danach, ob eine Mitschülerin oder ein Mitschüler dieselbe Melodie erstellen könnte, ohne dass eine Absprache getroffen wurde, beziehen sich die Kinder ebenso wie Gruppe vier auf die Anzahl aller Möglichkeiten (siehe oben). Dabei werden Begriffe wie „wahrscheinlich“ oder „unwahrscheinlich“ nicht verwendet.

Wie bereits angemerkt, gleichen sich die Vorgehensweisen der beiden Gruppen. Die vierte Gruppe hat folgende Melodie zusammengesetzt:

Interessanter ist jedoch, auf welchem Weg Gruppe vier den Transfer zu den Aufgaben eins und zwei hergestellt hat. Dafür haben die Kinder über die einzelnen Musikpäckchen Kleidungsstücke aufgezeichnet.

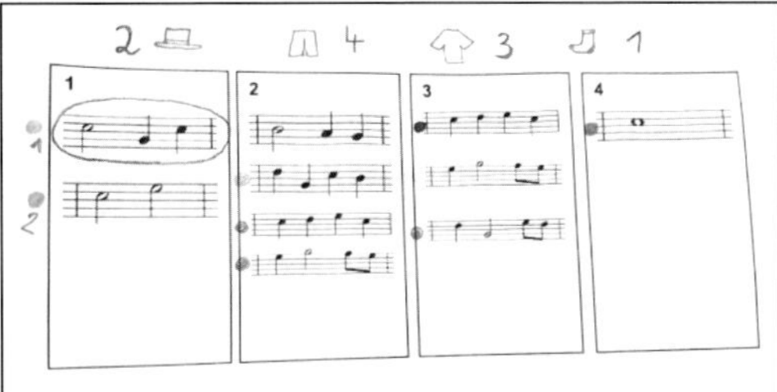

Die Kinder haben zwischen bereits bearbeiteten Inhalten und den musikalischen Inhalten einen Zusammenhang hergestellt. So haben sie den Inhalt der Aufgabe hinterfragt und veranschaulicht. Dies zeigt jedoch auch, dass durch den musikalischen Aspekt eine kurze Irritation vorlag und diese nur durch eine bildhafte Analogie behoben werden konnte.

Ebenso wie Gruppe drei haben die Lernenden der vierten Gruppe über die Päckchen die Anzahl der darin enthaltenen Elemente notiert. Des Weiteren ist zu erkennen, dass die Kinder verschiedene Alternativen zur Symbolisierung der Takte probierten. Bevor sie sich für das Markieren der Takte durch farbige Punkte entschieden, versuchten sie das Nummerieren und farbige Umkreisen.

Informativ ist außerdem der Antwortsatz der Kinder auf die Frage nach der Wahrscheinlichkeit eines wiederholten Zusammenstellens der neuen Melodie: „Nein[,] weil es 24 Möglichkeiten gibt." Ebenso wie Gruppe zwei und drei beziehen sich die Mädchen und Jungen dieser Gruppe auf die Anzahl der Möglichkeiten, eine Melodie unter den gegebenen Bedingungen zusammenzustellen. Aufgrund dessen bietet es sich an dieser Stelle an, den guten Ansatz der Kinder genauer zu erläutern. Dadurch, dass die Kinder sich auf die Anzahl beziehen, wird deutlich, dass ihnen der inhaltliche Zusammenhang zwischen allen Möglichkeiten eines Experiments und der Wahrscheinlichkeit des Auftretens einzelner Ereignisse bewusst ist. Damit ist ein guter Grundstein gelegt, um die inhaltliche Behandlung von Zufall und Wahrscheinlichkeit zu beginnen. Durch eine intensive Behandlung dessen kann es den Kindern gelingen, den Zusammenhang in ihrem Antwortsatz auszuformulieren und so zu verdeutlichen. Dies fehlt an dieser Stelle noch.

Abschließend lässt sich festhalten, dass beiden Gruppen trotz anfänglicher Schwierigkeiten eine erfolgreiche Bearbeitung der Aufgabensequenz gelungen ist. Dabei haben sie einen Transfer zu Aufgabe eins bis drei der Mathematikeinheit hergestellt und sich der Lösungsstrategien dieser bedient. Entgegen der ersten beiden Gruppen ist vor allem Gruppe vier beim Herstellen eines Transfers intensiver vorgegangen, was durch die Skizzierungen in der Aufgabe auffällt. Dies kann man darauf zurückführen, dass den Schülerinnen und Schülern der Umgang mit musikalischen Inhalten anfänglich ein wenig schwerer fiel und ein mathematischer Bezug zunächst hergestellt werden musste. Beachtenswert ist außerdem, dass die Kinder selbstständig und erfolgreich Symbole für die einzelnen Takte entwickelt haben. Dies ist strategisch klug, da so ein Baumdiagramm übersichtlicher und zielführender erstellt werden kann.

Fazit: Mathe + Musik = Matusik?

In den vorgestellten Einheiten haben die Kinder nicht nur gelernt, kombinatorische Aufgabenstellungen mithilfe verschiedener, adäquat gewählter Strategien zu lösen oder Noten zu lesen. Die zuvor immer strikt voneinander getrennt behandelten Unterrichtsfächer wurden miteinander verknüpft, sodass die Kinder über die Fächergrenzen hinaus die Bedeutung des Erlernten erfahren konnten. Mit eben diesem Blick über den Tellerrand konnte den Kindern das Festigen der mathematischen Inhalte und eine vertiefende Auseinandersetzung mit diesen ermöglicht werden. Sie haben unter Gebrauch musikalischer Elemente die zuvor erarbeiteten Lösungsstrategien noch einmal hinterfragt, nachvollzogen und angewendet. Dabei wurde von den Lernenden die Erkenntnis erfordert, dass unterschiedliche Elemente in der Kombinatorik auftreten und dass Lösungsstrategien unabhängig vom zu bearbeitenden Gegenstand angewendet werden können. Somit mussten die Schülerinnen und Schüler zwischen den mathematischen Hintergründen der Aufgabe und des dargebotenen Inhalts unterscheiden können. Es handelt sich daher bei der Bearbeitung dieser fächerübergreifenden Aufgaben nicht um rein mechanisches Abarbeiten erlernter Arbeitsschritte. Vielmehr mussten die Kinder so noch einmal Entstehungsprozesse geeigneter Lösungsstrategien nachvollziehen und anwenden.

Zudem wurde den Kindern die Erfahrung ermöglicht, dass sich Mathematik nicht auf ein Unterrichtsfach beschränkt, sondern in den unterschiedlichsten Lebensräumen von Bedeutung ist. So auch in der Musik. Die Schülerinnen und Schüler haben, wie sich in der abschließenden Reflexions-Phase zeigte, erkannt, dass man das Unglaubliche und Einzigartige an Kompositionen mithilfe der Mathematik erschließen kann. Diese Erkenntnis, mag sie sich auch nur auf einen kleinen inhaltlichen Zusammenhang beider Wissenschaften beschränken, bietet den Kindern die Möglichkeit, auch in ihrer weiteren schulischen Laufbahn die Mathematik in der Musik immer wieder zu entdecken. Die Erkenntnis, dass sich Musik aus mathematischen Regularitäten zusammensetzt, ist im Umgang mit Mathematik wie auch mit der Musik gewinnbringend und kann eine Grundlage zur Entwicklung eines mehrperspektivischen Verständnisses darstellen sowie dazu dienen, auch in anderen Zusammenhängen fächerübergreifend zu denken und zu forschen.

Für den „Nach-wie-vor-Skeptiker" jedoch bleibt mir an dieser Stelle nur noch ein Zitat von Jolyon Brettingham Smith (Komponist, 1949–2008):

„Es gibt auf der ganzen Welt kein Phänomen, bei dem Mathematik keine Rolle spielt, also ist auch die Musik nicht ohne Mathematik zu denken." (Smith 1985, S. 65)

Literatur

Beutelspacher, A. (2015): Wie man in eine Seifenblase schlüpft. Die Welt der Mathematik in 100 Experimenten, München: C. H. Beck.

Eicke, I. und W./Faber, D. (2007): Der Notenbaum. Ein Musical-Hörspiel, Berlin: Bosworth Edition.

Hessisches Kultusministerium (Hrsg.) (2011): Bildungsstandards und Inhaltsfelder. Das neue Kerncurriculum für Hessen, Primarstufe, Mathematik, Wiesbaden.

Kütting, H./Sauer, M. J. (2011): Elementare Stochastik. Mathematische Grundlagen und didaktische Konzepte, 3. Auflage, Berlin/Heidelberg: Spektrum Akademischer Verlag.

Neubert, B. in: Ruwisch, S./Peter-Koop, A. (Hrsg.) (2011): Gute Aufgaben im Mathematikunterricht der Grundschule, 7. Auflage, Offenburg: Mildenberger, S. 89–101.

Reiter, S. (2013): Musikalische Graphen. Entwicklung eines Verständnisses graphischer Darstellungen im fächerübergreifenden Mathematik- und Musikunterricht, Münster: Waxmann, Internationale Hochschulschriftenreihe, Bd. 585.

Smith, J. in: Götze, H./Wille, R. (Hrsg.) (1985): Musik und Mathematik. Salzburger Musikgespräch 1984 unter Vorsitz von Herbert von Karajan, Berlin/Heidelberg: Springer.

Laura Giesbrecht

Der Einsatz von Pentominos als Brücke zwischen Geometrie und Kombinatorik

„Die Kombinatorik ist ein Teilgebiet der Mathematik, dessen Inhalt sich von dem anderer mathematischer Disziplinen, zum Beispiel der Zahlentheorie, Geometrie oder Wahrscheinlichkeitsrechnung, nur schwer abgrenzen lässt.“ (Neubert 2013, S. 688)

Die Vorzüge der Behandlung kombinatorischer Aufgaben im Mathematikunterricht der Grundschule liegen vorrangig bei der Entwicklung von Problemlösefähigkeiten sowie der Fähigkeit des logischen und strategischen Denkens. Die Kinder lernen, dass das Finden des Lösungsweges in der Mathematik eine übergeordnete Rolle spielt. Charakteristisch für solche Problemlöseaufgaben ist es, dass zunächst kein Algorithmus zur Lösung vorliegt. Daher gilt es, aus anfänglichem Probieren über systematisches Untersuchen hin zu strategischem Vorgehen zu gelangen.

Neben klassischen Kombinatorikaufgaben gibt es jedoch auch solche Aufgabenformate, die vorranging aus der Perspektive anderer mathematischer Disziplinen betrachtet werden, ohne dass ihr Potenzial zur Förderung der oben genannten Kompetenzen ausgeschöpft wird. Eine dieser Möglichkeiten stellen Auseinandersetzungen mit **Pentominos** dar, welche gerade am Ende des zweiten Schuljahres sowie zu Beginn des dritten Schuljahres einen bedeutsamen Beitrag zum strategischen und kombinatorischen Denken von Schülerinnen und Schülern leisten können.

Einführung

Pentominos sind Figuren aus fünf kongruenten, zusammenhängenden Quadraten. Sie stellen eine Teilmenge der Polyominos dar. Die Bezeichnung „Polyomino“ geht auf den amerikanischen Mathematiker Solomon Wolf Golomb zurück, welcher diese erstmals im Jahr 1953 in einem Vortrag im Harvard Mathematics Club verwendete und 1965 schließlich eine erste umfangreiche Veröffentlichung basierend auf einer intensiven Auseinandersetzung mit Figuren aus n Quadraten lieferte (vgl. Croft u. a. 1994, S. 96). Golomb definiert Polyominos als Formen, welche aus einer festen Anzahl kongruenter Quadrate zusammengesetzt werden, wovon jedes Quadrat mindestens ein weiteres entlang einer Seite berührt (vgl. Golomb 1996, S. 3). Entsprechend der Anzahl der Quadrate kann eine endliche Menge von nicht-kongruenten Figuren zusammengesetzt werden. Polyominos, die durch Verschiebung, Drehung oder Spiegelung zur Deckung gebracht werden können, werden ein und derselben Klasse zugeordnet. Die Klassifikation und Namensgebung bei kleinen Polyominos erfolgt gemäß der Anzahl n der Quadrate, indem die der Zahl n entsprechende Vorsilbe aus dem Griechischen mit der Nachsilbe „omino“ zusammengesetzt wird. Es gibt einen Monomino, einen Domino, zwei Trominos und fünf Tetrominos.

n = 1 (Monomino)

n = 2 (Domino)

n = 3 (Tromino)

n = 4 (Tetromino)

Der Name für die in diesem Beitrag im Vordergrund stehenden Figuren aus fünf Quadraten setzt sich demnach aus der griechischen Vorsilbe „penta" für die Zahl Fünf sowie der Nachsilbe „omino" zusammen.
Zur Bezeichnung dieser Figuren hierzulande wird in der Mathematikdidaktik die der Zahl n entsprechende Vorsilbe aus dem Deutschen mit der Nachsilbe „ling" zusammengesetzt. Somit sind Pentominos auch unter dem Stichwort „Fünflinge" zu finden. In diesem Beitrag wird die von Golomb eingeführte Bezeichnung verwendet.
Insgesamt gibt es zwölf verschiedene Pentominos. Empfohlen wird, sie mit den Buchstaben des Alphabets zu benennen, zu welchen sie eine Ähnlichkeitsbeziehung aufweisen (vgl. Golomb 1996, S. 6 f.). In der folgenden Abbildung sind die Pentominos so dargestellt, dass die Ähnlichkeitsbeziehung zu den Buchstaben, welche zu ihrer Benennung genutzt werden, deutlich wird.

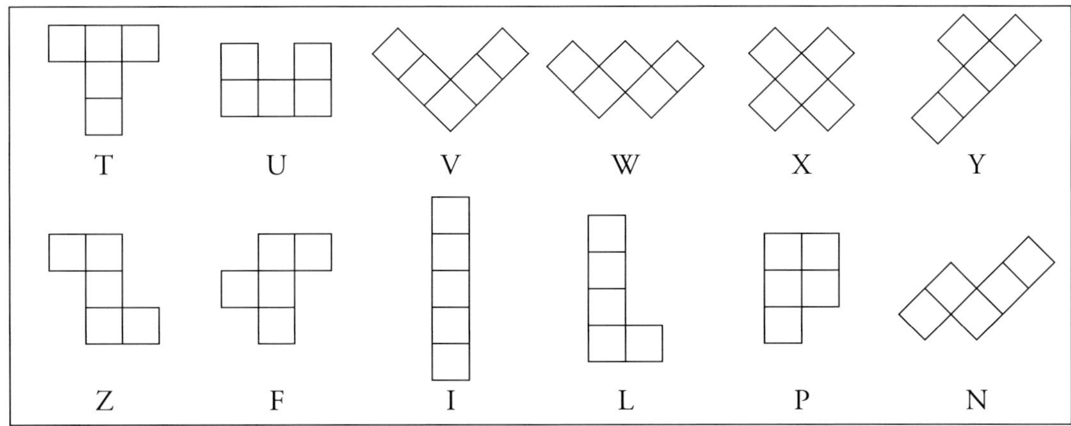

Solomon W. Golomb bietet in seiner Auseinandersetzung eine Mnemotechnik an, um die zwölf verschiedenen Figuren besser memorieren zu können: „As a mnemonic device, one has only to remember the end of the alphabet (TUVWXYZ) and the word FILiPiNo" (Golomb 1996, S. 6).

Vom Puzzlespiel zur mathematischen Problemstellung

Mithilfe dieser Figuren sind zahlreiche Problemstellungen, insbesondere geometrischer Art, denkbar. Die Auseinandersetzung mit Pentominos wird häufig der Unterhaltungsmathematik zugeordnet. Dies hat seinen Ursprung bereits im Jahre 1907, als Henry

Ernest Dudeney ein Buch mit dem Titel „The Canterbury Puzzles And Other Curious Problems" veröffentlichte, welches zahlreiche knifflige sowie unterhaltsame Rätsel enthält. In diesem Werk thematisiert Dudeney unter anderem das Auslegen eines Schachbretts mithilfe der zwölf verschiedenen Pentomino-Figuren und einem Tetromino unter dem Namen „The Broken Chessboard" (vgl. Dudeney 1907, S. 120).
Auch zu heutiger Zeit finden Polyominos Verwendung in der Unterhaltungsbranche: Sie sind aus dem Computerspiel „Tetris" sowie dem modernen Legespiel „Ubongo" bekannt. Vordergründig wird hier das Auslegen von Flächen mit Polyominos trainiert. Zahlreiche Anregungen zu Puzzles dieser Art sowie Kopiervorlagen für den Einsatz im Unterricht sind dem Werk „Das Pentomino-Buch: Denkspielspaß für Kinder von 9 bis 99" von Maria Koth und Notburga Grosser zu entnehmen.
Eine Zuordnung von Pentominos zur Unterhaltungsmathematik verhindert jedoch den Blick auf die zahlreichen Potenziale, welche eine unterrichtliche Auseinandersetzung mit diesen Figuren bieten kann. Bereits diverse Autoren haben darauf aufmerksam gemacht, dass die Behandlung von Pentominos eine leicht verständliche Thematik für den Geometrieunterricht darstellt, mithilfe derer neben dem geometrischen Denkvermögen ebenso die Symbolik und Fachsprache gefördert werden. Weiterführend beschreibt Besuden das Finden unterschiedlicher Polyominos als „Legespiel, das kombinatorische Überlegungen und ein planmäßiges Vorgehen der Schüler erfordert" (Besuden 1984, S. 36).
Um dieses Potenzial der Auseinandersetzung mit den Figuren aus Quadraten nachvollziehen zu können, ist es notwendig, den Vorgang des Findens der unterschiedlichen Klassen von Pentominos in den Blick zu nehmen. Wie bereits beschrieben, kann für jede Anzahl n der Quadrate eine endliche Menge von nicht-kongruenten Figuren zusammengesetzt werden, wobei solche Formen, die zur Deckung gebracht werden können, einer Klasse zugeordnet werden. Eine allgemeine Formel, die beschreibt, wie viele Polyominos aus n Quadraten entstehen, gibt es nicht. Stattdessen dient ein rekursives Verfahren dazu, alle n-Minos aus der Bekanntschaft aller $(n - 1)$-Minos zu erhalten. Dies geht aus der Annahme hervor, dass sich jeder n-Mino aus einem $(n - 1)$-Mino sowie einem weiteren Quadrat zusammensetzen lässt (vgl. Quaisser 1994, S. 143). Beispielsweise gehen aus den verschiedenen Tetrominos durch Hinzufügen eines weiteren Quadrates alle Pentominos hervor.

Damit gewährleistet werden kann, dass stets nur ein einziger Repräsentant einer jeden Klasse der n-Minos entsteht, wird planmäßig vorgegangen: Nacheinander wird dazu ein Repräsentant einer jeden Klasse der $(n - 1)$-Minos ausgewählt. Anschließend werden systematisch alle möglichen Lagen eines weiteren Quadrates durch Anlegen an den ausgewählten $(n - 1)$-Mino betrachtet. Lagen, die zu bereits betrachteten n-Minos kongruente Figuren entstehen lassen, werden entsprechend markiert und ausgesondert. Gleichermaßen werden n-Minos ausgeschlossen, die bei der Betrachtung eines Repräsentanten einer folgenden Klasse zu solchen kongruent sind, welche bereits aus Repräsentanten einer anderen Klasse hervorgegangen sind. Das Verfahren bricht ab, sobald alle möglichen Kombinationen aller $(n - 1)$-Minos mit einem weiteren Quadrat geprüft wurden, und liefert die Anzahl A(*n*) der gesuchten *n*-Minos (vgl. Quaisser 1994, S. 143).

Die Abbildung zeigt exemplarisch die Herleitung der ersten drei Pentominos aus einem der Tetrominos. Quadrate, die eine mögliche Lage einnehmen, werden mit einem Punkt (•) markiert und solche, die zu bisherigen Pentominos kongruent sind, werden mit einem diagonalen Strich (\) markiert.

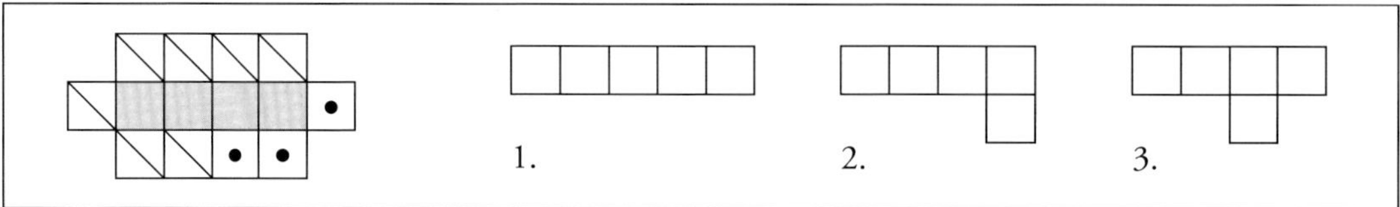

Dieses Vorgehen müsste nachfolgend mit den weiteren vier Tetrominos durchgeführt werden, bis letztlich alle zwölf Figuren vorliegen und das Verfahren automatisch abbricht.

Geforderte geometrische Kompetenzen

Im Rahmen der Suche nach verschiedenen Pentomino-Figuren müssen gelegte Figuren wiederholt auf Kongruenz geprüft werden. Es gilt, sie in unterschiedlichen Lagen zu identifizieren. Dabei können sie in gedrehter oder gespiegelter Lage sowie einer Kombination aus beiden Bewegungen vorliegen. Ebenso findet eine Förderung des gedanklichen Zusammenfügens einzelner Elemente statt. Während der Bearbeitung sind außerdem solche Situationen denkbar, in welchen die Lernenden einzelne Pentominos reproduzieren, welche nicht mehr in Form von zusammengesetztem Material vor ihnen liegen. Insgesamt stehen das mentale Operieren sowie eine Förderung der visuellen Wahrnehmung im Vordergrund.

Pentominos in der Kombinatorik der Grundschule

Für die Mathematikdidaktik der Grundschule kann diese Thematik zum Einsatz kommen, um ein Probieren der Kinder zu provozieren, welches sich zu systematischem Vorgehen entwickeln kann, wie es häufig bei kombinatorischen Aufgaben im Vordergrund steht (vgl. Kultusministerkonferenz 2005, S. 9). Auch Golomb ordnet Problemstellungen mit Polyominos in seiner Veröffentlichung der kombinatorischen Geometrie zu, welche sich mit den Kombinationsmöglichkeiten geometrischer Formen beschäftigt und ein Untergebiet der diskreten Geometrie darstellt, die sich durch eine Menge ungelöster Probleme auszeichnet (vgl. Kurz 2009). Im Zuge dessen betont er, dass Aufgaben dieses mathematischen Feldes vorzugsweise mittels Einfallsreichtum statt systematischer Regeln behandelt werden (vgl. Golomb 1996, S. 3).
Es ist ein enger Zusammenhang zwischen der Suche nach den verschiedenen Pentominos sowie kombinatorischen Problemstellungen erkennbar: „Das **Problemlösen** [Herv. i. O.] [bei kombinatorischen Aufgaben] besteht in der Suche nach allen Möglichkeiten, der Beantwortung der Frage, ob alle Möglichkei-

ten gefunden wurden und dem Ausschließen ‚doppelter Möglichkeiten'" (NEUBERT 2013, S. 2).

Demnach lassen sich zentrale Fragen der Kombinatorik formulieren:

1. „Welche Möglichkeiten gibt es?"
2. „Wie viele Möglichkeiten gibt es?" (KÜTTING/SAUER 2011, S. 129)
3. „Wie lassen sich alle Möglichkeiten strukturiert erfassen (und darstellen), sodass man sicher sein kann, alle Möglichkeiten gefunden zu haben?" (HÄRING 2017, S. 3)

Auch wenn kombinatorischen Aufgaben mit Pentominos im Gegensatz zu klassischen Kombinatorikaufgaben keine kombinatorische Figur zu Grunde liegt, können diese Fragestellungen als Ausgangspunkt zur Suche nach den verschiedenen Pentominos genutzt werden. Schließlich ist von Interesse, welche Möglichkeiten es gibt, die fünf Quadrate in der Ebene so anzuordnen, dass keine kongruenten Figuren entstehen.

Die meisten Lernenden werden die Quadrate willkürlich zusammenlegen. Man kann hier von einem **Trial-and-Error-Verfahren** sprechen. Eine Abstufung der Kompetenz des Kindes ist auf diesem Niveau dahingehend feststellbar, ob mithilfe einer Überprüfungshandlung eine Prüfung auf Kongruenz vorgenommen wird, wobei sich diese auch mental und damit nicht beobachtbar abspielen kann. Leistungsstarken Schülerinnen und Schülern mag es gelingen, ein algorithmisches Verfahren zu entwickeln, um alle verschiedenen Pentominos zu ermitteln. Eine Möglichkeit besteht darin, ausgehend von der längsten Reihe die unterschiedlichen Lösungen zu finden:

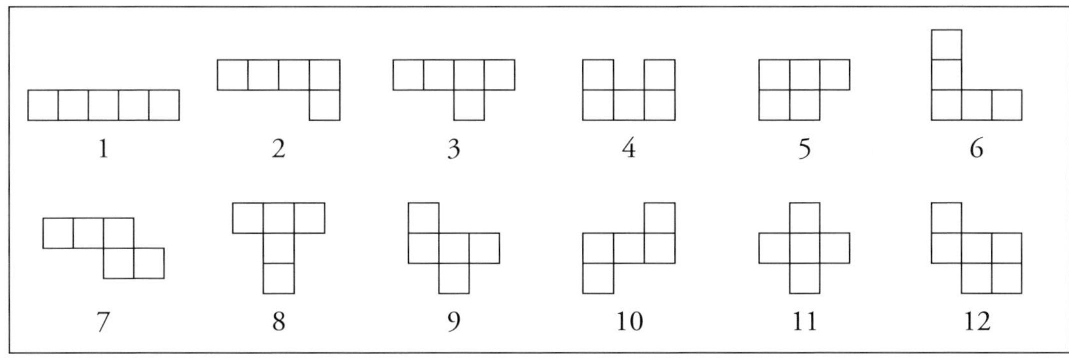

Beispielsweise gibt es nur einen Pentomino mit einer längsten Reihe bestehend aus fünf Quadraten (P1). Es gibt zwei Pentominos, deren längste Reihe aus vier Quadraten besteht (P2, P3). Alle weiteren Möglichkeiten können aufgrund der Symmetrien einer Reihe aus vier Quadraten ausgeschlossen werden. Umfangreicher wird dies bei der Suche nach solchen Pentominos, deren längste Reihe aus drei Quadraten besteht. Dennoch können hier die zwei weiteren Quadrate planmäßig um diese Reihe gelegt werden. Dabei gibt es vier mögliche Pentominos (P8, P9, P10, P11), bei welchen ein Quadrat links und ein Quadrat rechts von der Reihe bestehend aus drei Quadraten liegt. Diese können gleichermaßen systematisch voneinander abgeleitet werden. Außerdem gibt es vier Pentominos (P4, P5, P6, P7), bei welchen sich beide Quadrate an einer Seite ausgehend von der Reihe bestehend aus drei Quadraten befinden. Zu beachten ist, dass ein Quadrat bei P7 diese Reihe nicht mehr berührt. Ebenso stellt das Finden des Pentominos P6 eine Herausforderung dar, da bei diesem die zwei Quadrate in einer Reihe orthogonal zur längsten Reihe bestehend aus drei Quadraten angelegt werden müssen. Daher könnte es den Lernenden schwerfallen, diesen Pentomino zu finden. Letztlich gibt es einen Pentomino, dessen längste Reihe aus zwei Quadraten besteht (P12), sodass er eine verwinkelte Struktur besitzt. Das Legen dieses Pentominos kann Lernenden gleichermaßen Schwierigkeiten bereiten.

Die komplexere, jedoch gleichzeitig eindeutigere Möglichkeit zur systematischen Lösung stellt die Anwendung des rekursiven Verfahrens dar. Dieses Verfahren kann mit dem **Tachometerzählprinzip** verglichen werden, welches aus der Kombinatorik bekannt ist (vgl. Hoffmann 2003, S. 45). Es beschreibt, dass ein Element so lange beibehalten wird, bis alle Kombinationen der weiteren Elemente erschöpft sind. Anschließend wird das nächste Element ausgewählt und der Vorgang wiederholt (ebd.). Bei der Durchführung des rekursiven Verfahrens entspricht das besagte Element einem der fünf Tetrominos, während alle Kombinationen bzw. Anlegestellen des fünften Quadrates durchlaufen werden, bis sie erschöpft sind. Anschließend wird der nächste Tetromino ausgewählt. Die Komplexität ist darin begründet, dass dieses Verfahren das Erkennen des mathematischen Zusammenhangs zwischen den Tetrominos und den Pentominos erfordert. Anzunehmen ist, dass dieses Verfahren nur wenige Lernende im Grundschulalter ohne Anleitung durchführen.

Eine Abstufung der Kompetenz ist auf diesem Niveau dahingehend feststellbar, ob bei der Anwendung Fehler unterlaufen.

Didaktische Hinweise

Aufgabenstellungen mit Pentominos sind sehr gut geeignet, um handlungsorientiertes Lernen zu ermöglichen. Dabei bietet es sich an, zunächst die kleineren Polyominos zu erarbeiten, bevor zu den Pentominos übergegangen wird. So können erste Handlungserfahrungen gesammelt werden. Außerdem können die Kinder anschließend bei der Bearbeitung der durchaus komplexeren Figuren aus fünf Quadraten auf Vorgehensweisen zurückgreifen, die bei einfacheren Aufgaben bereits erarbeitet wurden. Den Schülerinnen und Schülern sollten zunächst mithilfe des Dominos und den daraus entstehenden Trominos die Legeregeln der Polyominos verdeutlicht werden. Es ist empfehlenswert, die für die Kinder greifbareren deutschen Begriffe zur Benennung zu verwenden. Außerdem sollte verdeutlicht werden, wann Figuren gleich, das heißt kongruent, sind. Dies kann kindgemäß in eine Geschichte verpackt werden, wie sie beispielsweise bei Schipper (vgl. Schipper 2013) zu finden ist. Gearbeitet werden sollte mit Legematerial, sodass eine handlungsorientierte Auseinandersetzung möglich ist. Gut geeignet sind hier quadratische Zettel einer Farbe, die mit Klebestreifen fixiert werden. Auf diese Weise entstehen greifbare, zusammenhängende Polyominos, die es den Kindern ermöglichen, die Figuren aufeinanderzulegen, um deckungsgleiche Figuren zu erkennen. Anschließend kann es den Kindern in Gruppen freigegeben werden, die verschiedenen Tetrominos mit gleichem Material zu finden. Die

Anzahl der fünf Figuren dieser Art ist überschaubar, sodass zwar erste Strategien ausprobiert werden können, die Quadratmehrlinge jedoch auch schnell durch willkürliches Ausprobieren gefunden werden können. In einer Ergebnissicherung können dann in der Regel in vielen Gruppen noch auftretende deckungsgleiche Figuren besprochen werden.

Aufbauend darauf kann bei der Suche nach den Pentominos das Material auf fünf Papierquadrate reduziert werden, sodass ein Umlegen einzelner Quadrate zum Finden weiterer Pentominos provoziert und außerdem das Protokollieren der Pentominos auf Gitterpapier gefordert wird. Dennoch sollte auch hier die Möglichkeit bestehen, die aufgezeichneten Figuren auszuschneiden, um sie auf Kongruenz zu prüfen. Schließlich müssen die Kinder in der Lage sein, neben verschobenen und gedrehten Figuren ebenso gespiegelte Figuren zu erkennen. Die Schülerinnen und Schüler werden demnach nur noch mit den fünf einzelnen Quadraten sowie Gitterpapier ausgestattet. Zur Anregung strategischen Vorgehens ist außerdem die Hinzugabe der verschiedenen Tetrominos denkbar. Jedoch konnte mithilfe einer vorgenommenen Erprobung in einer zweiten sowie einer dritten Klasse festgestellt werden, dass sich eine Hinzugabe der fünf Tetrominos zum Legen überwiegend irritierend auswirkt und lediglich für besonders leistungsstarke Schülerinnen und Schüler eine Stütze zur Entwicklung kombinatorischer Strategien darstellt.

Beim Finden der verschiedenen Pentominos sollten die Kinder ihre eigenen Lösungswege entwickeln können, weshalb die Arbeitsphase möglichst offen gestaltet werden sollte. Die Wahl der Sozialform **Partnerarbeit** setzt außerdem Anreize für eine Kommunikation und einen Austausch untereinander, was die Entwicklung von Strategien begünstigen könnte. Um die Lernenden dennoch an das rekursive Verfahren heranzuführen, können Tippkarten hinzugegeben werden, wie sie in der nachfolgenden Abbildung dargestellt sind (vgl. Ministerium für Schule und Weiterbildung des Landes Nordrhein-Westfalen, S. 7).

Tippkarte 1: „Aus Vierlingen werden Fünflinge“

Nimm aus der Dose die 5 Vierlinge.

Lass um jeden Vierling ein Quadrat wandern.

Aus ... wird ..., dann ... …

Überprüfe immer, ob du nicht schon einen deckungsgleichen Fünfling gefunden hast.

Letztlich sollte das rekursive Verfahren spätestens in der Phase der Ergebnissicherung besprochen und gemeinsam durchlaufen werden. So kann abschließend für alle Schülerinnen und Schüler gemeinsam mithilfe einer strukturierten Erfassung begründet werden, dass alle verschiedenen Möglichkeiten gefunden wurden. Liegen alle verschiedenen Pentominos vor, sind zahlreiche geometrische Aufgabenstellungen mit den Figuren denkbar. Eine spiralcurriculare Erweiterung durch die Erarbeitung der Würfelnetze, welche eine Teilmenge der Hexominos darstellen, liegt beispielsweise nahe (vgl. Franke/Reinhold 2016, S. 228 f.).

Literatur

Besuden, H. (1984): Knoten, Würfel, Ornamente. Aufsätze zur Geometrie in Grund- und Hauptschule (1. Aufl.). Stuttgart: Klett.

Croft, H. T./Falconer, K. J./Guy, R. K. (1994): Unsolved Problems in Geometry (Unsolved Problems in Intuitive Mathematics, v. 2, 2nd corr. print). New York: Springer.

Dudeney, H. E. (1907): The Canterbury Puzzles and Other Curious Problems. New York: Dover Publications.

Franke, M./Reinhold, S. (2016): Didaktik der Geometrie. In der Grundschule (Mathematik Primarstufe und Sekundarstufe I + II, 3. Auflage). Berlin: Springer Spektrum.

Golomb, S. W. (1996): Polyominoes. Puzzles, Patterns, Problems, and Packings (Princeton Science Library, 2., überarb. und erw. Aufl.). Princeton: Princeton University Press.

Häring, G. (2017): Zählen, ohne zu zählen. Systematisches Zählen und stochastisches Denken durch kombinatorische Fragestellungen anbahnen. Grundschule Mathematik (52), 2–3.

Hoffmann, A. (2003): Elementare Bausteine der kombinatorischen Problemlösefähigkeit (Texte zur mathematischen Forschung & Lehre, Bd. 21). Berlin/Hildesheim: Franzbecker.

Kurz, S. (2009): Diskrete Geometrie. http://www.wm-archive.uni-bayreuth.de/fileadmin/Lehre/Diskrete_Geometrie_SS06/skript_diskrete_geometrie.pdf. Zugegriffen 30.12.2017.

Kütting, H./Sauer, M. J. (2011): Elementare Stochastik. Mathematische Grundlagen und didaktische Konzepte (Mathematik Primar- und Sekundarstufe, 3., stark erw. Aufl.). Heidelberg: Spektrum Akademischer Verlag.

Ministerium für Schule und Weiterbildung des Landes Nordrhein-Westfalen. Lernaufgaben Mathematik Grundschule. Raum und Form – Forscherauftrag: „Finde alle 12 Fünflinge“, https://www.schulentwicklung.nrw.de/materialdatenbank/upload/2065/725379_klp_gs_mathe_lernaufgaben_Raum%20und%20Form-08-10-08%20DW.pdf. Zugegriffen 13.09.2017.

Neubert, B. (2013): Kombinatorische Aufgaben in der Grundschule. In: Greefrath, Gilbert/Käpnick, Friedhelm/Stein, Martin (Hrsg.): Beiträge zum Mathematikunterricht 2013. Vorträge auf der 47. Tagung für Didaktik der Mathematik. Münster. S. 688–691.

Quaisser, E. (1994): Diskrete Geometrie. Einführung, Probleme, Übungen. Heidelberg: Spektrum Akademischer Verlag.

Schipper, W. (2013): Handbuch für den Mathematikunterricht an Grundschulen (3. Aufl.). Braunschweig: Schroedel.

Sekretariat der Ständigen Konferenz der Kultusminister der Länder der Bundesrepublik Deutschland (2005): Bildungsstandards im Fach Mathematik für den Primarbereich. Beschluss vom 15.10.2004. München

Svenja Möbs

Strummi-Tierchen – Eine kombinatorische Aufgabenstellung für vier Jahrgangsstufen

„Es ist anzunehmen, dass aufgrund zunehmender Beschäftigung mit kombinatorischen Problemstellungen, Vorgehensweisen und Strategien modifiziert werden.“ (Werner 2011, S. 17)

In diesem Beitrag wird eine Studie vorgestellt, in der Schülerinnen und Schüler der Klassen 1 bis 4 einer hessischen Grundschule die kombinatorische Aufgabenstellung „Strummi-Tierchen einer Strummi-Tierchen-Herde finden“ bearbeiteten. Dabei ging es vor allem darum, Unterschiede zwischen den Klassenstufen zu beobachten und daraus Schlussfolgerungen für die gesamte Schule bei der Arbeit mit kombinatorischen Aufgabenstellungen abzuleiten. Zunächst werden die Aufgabenstellung und das Material vorgestellt, eine mathematische Einordung vorgenommen und die Umsetzung im Unterricht beschrieben. Besonders werden die Herangehensweisen und die verwendeten Strategien beim Finden und Sortieren der Möglichkeiten in den vier Jahrgangsstufen thematisiert. In den abschließenden Schlussfolgerungen wird berichtet, welchen Einfluss die Studie auf die Arbeit mit kombinatorischen Aufgaben an der gesamten Schule hatte.

Was sind Strummi-Tierchen?

Der Begriff „Strummi-Tierchen“ wurde von Müller und Wittmann geprägt. Bei den Strummi-Tierchen handelt es sich um strukturiertes Material. Folglich schreiben die Autoren: „Strummi ist eine Verballhornung von ‚strukturiertes Material‘“ (Müller/Wittmann 1984, S. 99). Strummi-Tierchen bestehen aus drei bis vier zusammengesteckten Bausteinen, bei denen der oberste Stein versetzt aufgesteckt wird, wodurch die Assoziation mit einem Tier naheliegt (vgl. Krämer 2011, S. 29).

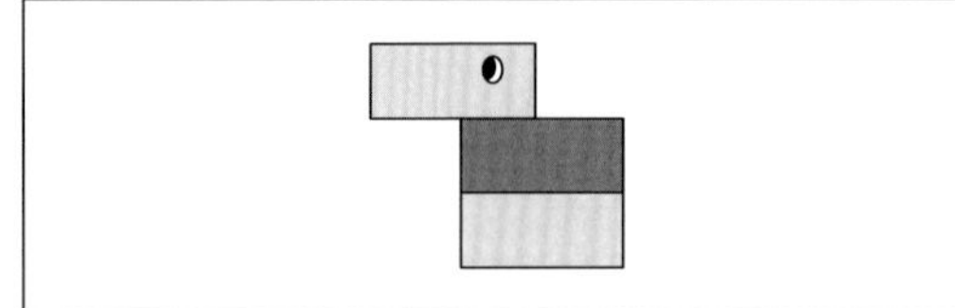

Strummi-Tierchen aus drei Steinen

Strummi-Tierchen haben eine sehr ansprechende Gestaltung. Sie sehen niedlich aus und motivieren die Kinder durch ihr Aussehen. Mädchen und Jungen werden gleichermaßen angesprochen und motiviert (Genderaspekt). Die rechnerische Anforderung (systematisches Zählen) ist überschaubar und kann von allen Schülern aller Jahrgangsstufen bewältigt werden. Auch für Schüler ohne Vorkenntnisse sind sie geeignet, da sie selbst ausprobieren und einen für sie geeigneten Lösungsweg finden müssen. Außerdem bieten die Strummi-Tierchen die Möglichkeit, einen runden thematischen Rahmen zu bilden, da die Aufgabe gestellt werden kann, möglichst viele Tiere der Strummi-Tierchenherde zu finden, in der alle Strummi-Tierchen anders aussehen. Zum Schluss kann das als Anlass

genutzt werden, die vollständige Herde mit den Schülern zu sammeln und zu notieren.
Die Teilnehmer der Studie bekamen zum Herstellen der Strummi-Tierchen blaue und gelbe Bausteine (hier im Buch dunkelgrau und hellgrau dargestellt). Die Erst- und Zweitklässler erhielten von jeder Farbe drei zum Bauen von dreiteiligen Strummi-Tierchen, die Dritt- und Viertklässler je vier von jeder Farbe, aus denen sie vierteilige Strummi-Tierchen zusammensetzen sollten.
Die kombinatorische Aufgabe ist der kombinatorischen Figur der Variation mit Wiederholung zuzuordnen. Im Fall der durchgeführten Aufgabe in Jahrgangsstufe 1 und 2 ist die Anzahl der Körperteile drei (Kopf, Bauch, Beine) und die Anzahl der Farben zwei (gelb, blau); folglich ist die Anzahl der möglichen Strummi-Tierchen $2^3 = 8$. In Jahrgangsstufe 3 und 4 ist die Anzahl der Körperteile vier (Kopf, Schultern, Bauch, Beine) und die Anzahl der Farben zwei (gelb, blau). Daraus lassen sich $2^4 = 16$ unterschiedliche Strummi-Tierchen bauen.
Die Aufgabe bietet die Möglichkeit der Differenzierung. Durch das Hinzunehmen eines weiteren Steines oder einer weiteren Farbe lässt sich die Aufgabe schnell variieren. Außerdem können die Kinder durch das leicht darzustellende Material auch eigene Darstellungsformen entwickeln, um ihre gefundenen Möglichkeiten zu notieren. Zudem lässt sich damit leicht ein Baumdiagramm erstellen, welches das systematische Strukturieren mehr und mehr anbahnt und eine Möglichkeit bietet, die Vollständigkeit zu überprüfen. Durch das Bauen und anschließende Notieren findet eine Visualisierung der gefundenen Möglichkeiten statt, die in der anschließenden Reflexion noch einmal strukturiert dargestellt wird (vgl. Seiler 2015, S. 184). Da die Aufgabe offen gestellt ist und verschiedene Lösungswege zulässt, ist ein Lösen auf unterschiedlichen Niveaustufen möglich und damit eine natürliche Differenzierung gegeben (vgl. Neubert 2003, S. 91). Das Material zum Bauen der Strummi-Tierchen (blaue und gelbe Bausteine) kann einfach und günstig erworben werden und ist wiederverwendbar, also ökonomisch einsetzbar. Die Arbeitsblätter und Bausteine gaben zudem keinen Hinweis auf die Anzahl der Möglichkeiten, was für die Auswertung der Untersuchung und die Begründung der Schüler auf Vollständigkeit wichtig war.

Umsetzung im Unterricht

Das Hauptziel der Studie bestand darin, zu zeigen, dass kombinatorische Aufgaben bereits ab Klasse 1 eingesetzt werden können und dass Schüler aller Jahrgangsstufen ohne Vorkenntnisse eine kombinatorische Aufgabenstellung bearbeiten können. Des Weiteren kann eine kombinatorische Aufgabe, die ggf. entsprechend erweitert bzw. abgewandelt wird, in allen vier Jahrgangsstufen der Grundschule behandelt werden.
Das Lernziel der Stunden bestand darin, dass die Schüler möglichst viele, am besten alle, Kombinationsmöglichkeiten für drei- bzw. vierteilige Strummi-Tierchen finden, notieren und erste Strukturierungsmöglichkeiten kennenlernen.
Der Gestaltung des Unterrichts lag das **Fünf-Phasen-Modell** nach Schipper, Ebeling, Dröge zugrunde:

- 1. Phase: Konkretes Handeln, Lösung notieren

- 2. Phase: Lösungen vorstellen, beschreiben und miteinander vergleichen
- 3. Phase: Geordnetes Darstellen von Lösungen
- 4. Phase: Variation(en) der Aufgabenstellung
- 5. Phase: Reflektieren und Verallgemeinern

(Schipper/Ebeling/Dröge 2015, S. 258 ff.)

Einstiegsphase

Zum **Einstieg** stellte die Lehrerin im Sitzkreis den Schülern ein Strummi-Tierchen vor (Strummi-Tierchen aus einer Strummi-Tierchen-Herde, in der alle anders aussehen) und erklärte, welche Farbe(n) es hat. Visualisiert wurde ihre Erklärung durch einen Aufbauplan der drei- bzw. vierteiligen Strummi-Tierchen. Der Aufbauplan sollte als Unterstützung dienen, die Körperteile der Strummi-Tierchen richtig zu benennen. Nachdem die Lehrerin den Schülern ein weiteres Strummi-Tierchen präsentiert hatte, bat sie einen Schüler, dessen Aufbau zu benennen. Anschließend baute ein Schüler ein weiteres Strummi-Tierchen. Dieser Prozess sollte nochmals verdeutlichen, was beim Bauen wichtig ist. Es ging folglich darum, dass ein Strummi-Tierchen immer drei bzw. vier Körperteile hat und immer anders aussieht als die bereits gefundenen Strummi-Tierchen. Als Abschluss der Einstiegsphase erklärte ein Schüler den Arbeitsauftrag: „Findet alle Strummi-Tierchen der Strummi-Tierchen-Herde und malt die gefundenen Möglichkeiten auf." Danach zeigte die Lehrerin den Schülern das Arbeitsblatt. Durch das Bauen und die Aufgabe, alle Tiere der Strummi-Tierchen-Herde zu finden, wurden die Schüler motiviert.

Arbeitsphase

In der darauffolgenden **Arbeitsphase** bearbeiteten die Schüler die Aufgabe in Partnerarbeit. Diese Sozialform war an dieser Stelle besonders wichtig, da es so zum Austausch zwischen den Schülern kam und damit die Kommunikations- und Argumentationskompetenz gefördert wurde. Während dieser Phase standen den Schülern Bausteine als konkretes Material zur Vefügung. Sie mussten diese jedoch nicht nutzen. Da der Materialaufwand zu groß gewesen wäre, allen Partnergruppen so viele Bausteine zur Verfügung zu stellen, dass sie alle Strummi-Tierchen bauen können, war es notwendig, die gefundenen Möglichkeiten zu dokumentieren. Sie notierten ihre Lösung auf einem Arbeitsblatt. Das Arbeitsblatt, auf dem die gefundenen Möglichkeiten notiert wurden, war so gestaltet, dass die Anzahl farbloser Strummi-Tierchen nicht mit der Anzahl der tatsächlichen Möglichkeiten übereinstimmte, um die Anzahl nicht vorzugeben.

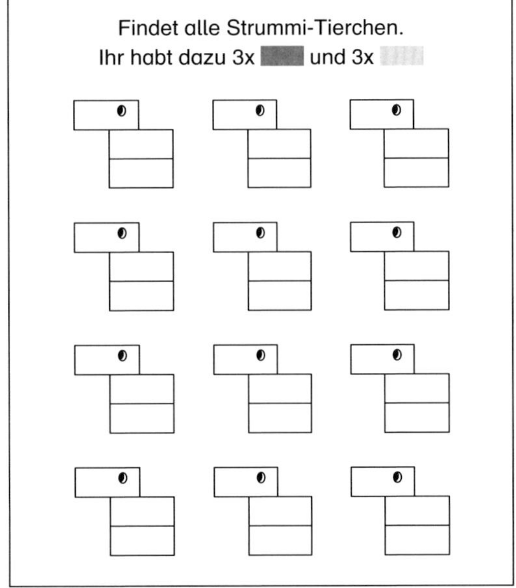

Arbeitsblatt für Strummi-Tierchen aus drei Steinen

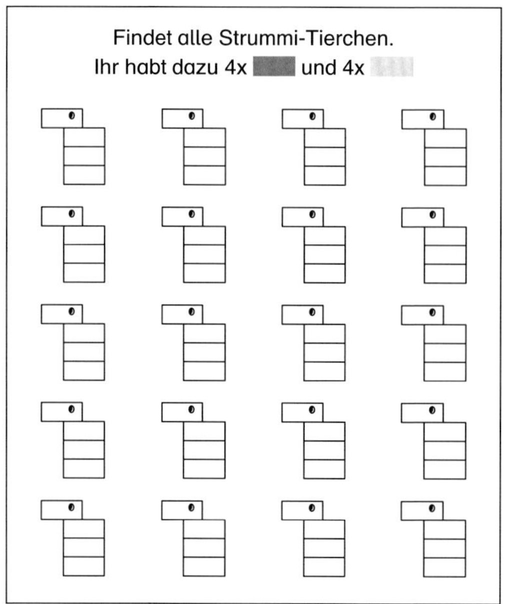

Arbeitsblatt für Strummi-Tierchen aus vier Steinen

Für die Studie wurde die **Notationsform** vorgegeben, weil es in erster Linie um die Strategien beim Finden der Möglichkeiten sowie beim Sortieren der gefundenen Möglichkeiten und um den Nachweis gehen sollte, dass kombinatorische Aufgabenstellungen bereits ab der ersten Klasse bearbeitet werden können.

Als **Differenzierung** in Klasse 1 und 2 in dieser Phase konnten die Partnergruppen sich einen weiteren gelben und blauen Baustein und ein weiteres Blatt mit vierteiligen leeren Strummi-Tierchen holen und dafür möglichst viele verschiedene Strummi-Tierchen finden. In Klasse 3 und 4 konnten sich Partnergruppen, die ihrer Meinung nach alle Möglichkeiten gefunden hatten, ein Arbeitsblatt holen, auf dem sie ihre Vorgehensweise beim Finden erklären sollten.

Schlussphase

In der letzten Phase, der **Ergebnissicherung/ Reflexion**, fanden sich die Schüler im Kinositz vor der Tafel wieder. Diese Arbeitsform ermöglichte es allen Schülern, das an der Tafel Besprochene zu sehen und mitzuverfolgen. Außerdem wurde durch diese Sitzform die Aufmerksamkeit auf den Unterrichtsgegenstand gelenkt. Um die vollständige Anzahl der Möglichkeiten zu erhalten, wurden diese gemeinsam an der Tafel gesammelt. Dabei sollte den Schülern auffallen, dass es schwierig ist, den Überblick zu behalten, wenn keine Orientierungsmöglichkeit gegeben ist. Das wiederum sollte die Schüler dazu anregen, eine geeignete Sortierung vorzunehmen. Die vorgeschlagenen Sortierungsmöglichkeiten der Schüler wurden aufgegriffen und an der Tafel umgesetzt.

In der an die Arbeitsphase anschließenden Reflexion stellten die Schüler die Lösungen vor, wobei sie beschrieben, wie sie die Möglichkeiten fanden. Zwangsläufig fand ein Vergleich der Lösungen und der Lösungsfindungen statt. Ebenfalls in der Reflexion dachten die Schüler gemeinsam über eine Sortierung der Möglichkeiten nach. Verschiedene Vorschläge der Schüler wurden aufgegriffen und auf Nützlichkeit zur strukturierten Darstellung überprüft. Anschließend wurde eine Sortierung festgelegt, nach der die Strummi-Tierchen gemeinsam sortiert werden konnten: in diesem Fall nach der Kopffarbe.

Die letzte Phase des Reflektierens und Verallgemeinerns des Fünf-Phasen-Modells fand in der durchgeführten Untersuchung nicht statt. Sinnvoll erscheint es ohnehin, diese Phase erst nach wiederholtem Bearbeiten kombinatorischer Aufgaben durchzuführen. Es ist außerdem anzunehmen, dass es besonders den Schülern der ersten und zweiten Klasse noch schwerfällt, ausführlich zu reflektieren und die Erkenntnisse zu verallgemeinern.

Obwohl die Schüler mit viel Freude an die Bearbeitung der Aufgabe gingen, wären Alternativen denkbar. Durch das Voranstellen einer Geschichte zu den Strummi-Tierchen könnte die Motivation noch gesteigert werden. Weiterhin könnten die Schüler zum selbstständigen Finden einer Darstellungsform angeregt werden, bevor gemeinsam verschiedene Darstellungsformen entwickelt werden, die helfen, alle Möglichkeiten zu finden und die Vollständigkeit nachzuweisen. Dazu zählen z. B. die Tabelle oder das Baumdiagramm.

Es bietet sich auch an, die Differenzierungsaufgabe für Klasse 1 und 2 erst nach dem gemeinsamen Reflektieren und Vorstellen der Strategien und Sortierungsmöglichkeiten zu stellen, damit die Schüler diese beim Finden der Möglichkeiten der vierteiligen Strummi-Tierchen anwenden können. In den folgenden Abschnitten werden die Herangehensweise der Schüler an die kombinatorische Aufgabenstellung sowie die Strategien beschrieben, die Schüler beim Finden der Möglichkeiten und beim Sortieren der Möglichkeiten gezeigt haben.

Herangehensweise der Schüler an die kombinatorische Aufgabe

Beim Einstieg verstanden die Schüler schnell, was zu tun ist und welche Besonderheiten beim Bauen der Strummi-Tierchen zu beachten sind. In allen Jahrgangsstufen konnten die Schüler die Aufgabenstellung formulieren. In Klasse 1 erklärte ein Schüler: „Wie viel verschiedene Farben von Strummi-Tierchen herauszufinden“ und ein zweiter ergänzte: „Halt immer verschiedene Farben, blau und gelb, verschiedene Farben zu mixen, ... halt Strummi-Tierchen machen.“ In Klasse 2 wurde die Aufgabe so formuliert: „Verschiedene Strummi-Tierchen bauen.“ und weiter: „und sie dann da drauf (zeigt auf das Arbeitsblatt) malen, die Farben.“ In Klasse 3 erklärte eine Schülerin: „Ähm, ganz viele verschiedene Strummi-Tierchen zu baun.“ und in Klasse 4: „Ähm, die bauen mit ganz vielen verschiedenen Farben, also dass sie alle anders aussehen.“ und als Ergänzung: „Wie viele man, äh, wie viele man von denen machen kann, ja, ohne dass eins von denen gleich ist.“

Alle Schüler nutzten die Bausteine zum Bauen. Keine Partnergruppe beschränkte sich auf das reine Nachdenken im Kopf, sondern jede Gruppe bestätigte ihre Überlegungen durch das Nachbauen des Strummi-Tierchens. Diese enaktive Ebene des Bauens war für viele Schüler aus dem Grund wichtig, da sie so direkt mit den bereits gefundenen Strummi-Tierchen vergleichen konnten. Besonders auffällig war, dass in der dritten und vierten Jahrgangsstufe viele Partnergruppen mit den einfarbigen Strummi-Tierchen begannen, also den Strummi-Tierchen, welche komplett blau bzw. gelb sind. Die meisten Partnergruppen wechselten sich beim Bauen und Malen ab und suchten gemeinsam die Strummi-Tiere. Dabei tauschten sie sich aus und halfen sich gegenseitig, indem sie das gebaute Tierchen mit den bereits gefundenen verglichen.

Insgesamt kann festgehalten werden, dass die meisten Gruppen alle Möglichkeiten fanden, wobei noch einige Dopplungen vorhanden waren.

Strategien beim Finden der Möglichkeiten

Strategien in Klasse 1

In der ersten Klasse probierten und experimentierten die meisten Gruppen unsystematisch. Die neu gebauten Strummi-Tierchen wurden mit den bereits gefundenen verglichen und entsprechend aufgemalt oder umgebaut. Beispielhaft ist die Erklärung von zwei Schülern.

Schülerin 1: „Wir baun erst eins und dann baun wir das wieder auseinander und dann baun wir das nächste."

Schüler 2: „Ich guck immer, also ich nehm irgendwie immer Steine und bau dann einfach."

Zwei Partnergruppen zeigten Ansätze einer Systematik, indem beide mit dem Gegenteil arbeiteten. Die Schüler erklärten zwar, dass sie immer das gegenteilige Strummi-Tierchen bauen, jedoch ist diese Systematik nicht auf ihrem Arbeitsblatt erkennbar:

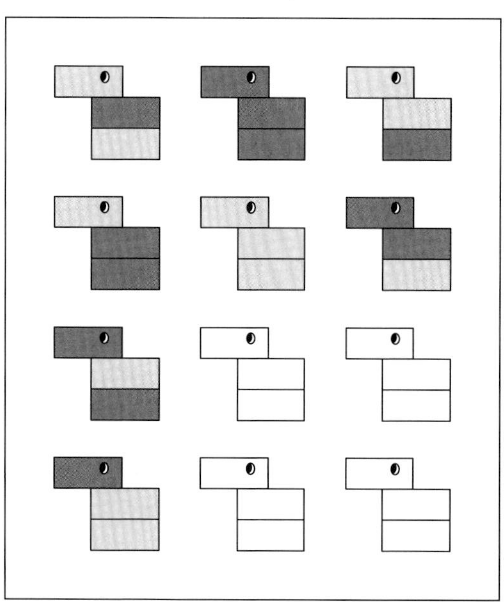

Besser zu erkennen ist die Systematik des gegenteiligen Bauens auf dem Arbeitsblatt einer zweiten Gruppe:

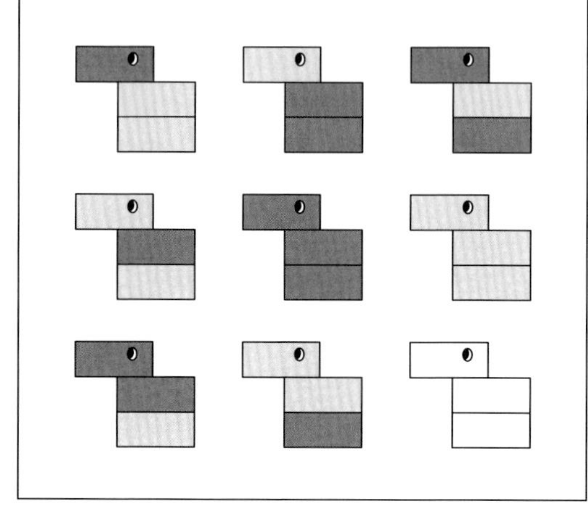

Bei der Begründung ihrer Systematik wurde deutlich, dass sie wahrscheinlich nicht bewusst immer das Gegenteil bauten, sondern immer einfach die übrigen Steine verwendeten.

Strategien in Klasse 2

In der zweiten Klasse zeigte sich ein ähnliches Bild wie in Klasse 1. Die meisten Partnergruppen probierten unsystematisch. Exemplarisch soll die folgende Erklärung dienen:

Schüler 1: „Also wir gucken uns erstmal alle Farben an und dann probieren wir halt einfach, was wir noch nicht haben."

Schüler 2: „Ja, und wenn wir die Strummi-Tierchen nicht kriegen, dann baun wir sie halt auseinander und machen sie nochmal anders."

Auch die Strategie des gegenteiligen Bauens von Strummi-Tierchen war vorzufinden:

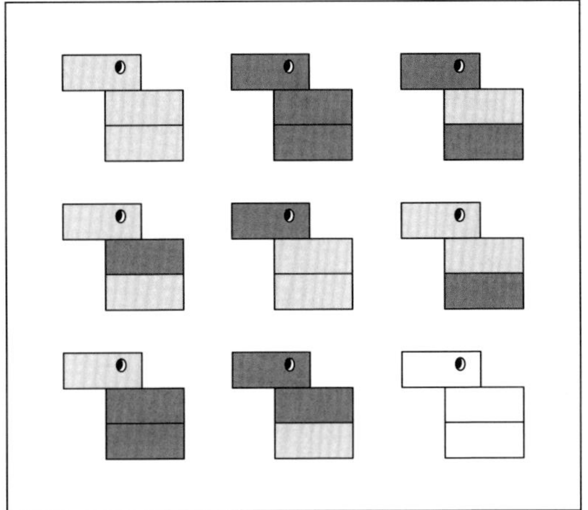

Nicht immer stimmten die Beschreibung des Bauens und die Darstellung auf dem Arbeitsblatt überein: „Ähm, weil ich das, also wir haben jetzt blau, blau (zeigt auf das komplett blaue Strummi-Tierchen) und sie macht das gelb, gelb (zeigt auf das komplett gelbe Strummi-Tierchen, welches die Arbeitspartnerin aufmalt). Wir haben blau, gelb, blau und gelb, blau, gelb und dann mach ich halt immer das Umgekehrte davon."

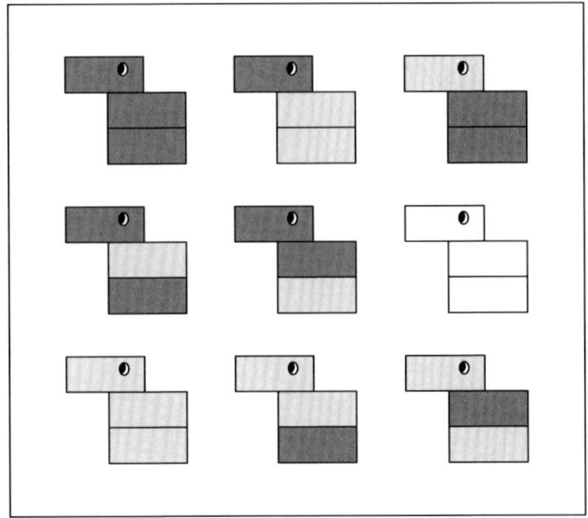

Zwei Schüler hatten noch eine weitere Strategie. Sie suchten sich drei Steine aus und versuchten damit möglichst viele verschiedene Strummi-Tierchen zu bauen. Sie erklärten: „Wir gucken, wir ham jetzt das da (zeigt auf gelb, gelb, blau) und dann ham wir auch die gleichen Teile aber nur anders gebaut (zeigt auf blau, gelb, gelb)."

Strategien in Klasse 3

Die Ergebnisse aus Klasse 3 zeigen, dass die Schüler in dieser Jahrgangsstufe bereits wesentlich strukturierter vorgingen. Lediglich vier Partnergruppen probierten unsystematisch, verglichen und bauten immer wieder neu. Eine Schülerin erklärte: „Also, wir haben einmal eins gebaut und dann waren noch mehr übrig und dann haben wir mit denen auch welche gebaut und dann hatten wir zwei und die ham wir dann aufgemalt (...) und dann ham wir die wieder abgebaut und wieder neue gebaut." Ihre Partnerin ergänzte dazu: „Und wir haben auch immer geguckt, ob wir des schon hatten. Und wenn wir des schon hatten, ham wir des nicht mehr gebaut."
Die anderen Gruppen erklärten, dass sie immer das gegenteilige Strummi-Tierchen bauten. Das war jedoch nicht bei allen Arbeitsergebnissen erkennbar, da die Schüler die Strummi-Tierchen teils untereinander oder auch durcheinander auf dem Arbeitsblatt notierten. Zwei Schüler erklärten ihr Vorgehen wie folgt: „Wir baun ein Strummi-Tierchen und das drehn wir dann einfach um."

Strategien in Klasse 4

In Klasse 4 ging keine Gruppe komplett unsystematisch vor. Die meisten Gruppen verwendeten die Strategie des gegenteiligen Bauens. Exemplarisch dafür stehen die folgenden Beschreibungen: „Also wir machen erst, wir bauen erstma eins und danach machen wir das umgekehrt nochma."

„Dann machen wir das Gegenteil."
Zwei Schüler begannen die Suche nach allen Möglichkeiten vorerst unsystematisch: „Also wir kombinieren einfach und gucken, ob wir das schon haben, wenn nich, malen wir des auf." Zu einem späteren Zeitpunkt entwickelten sie eine neue Strategie: „Ähm, wir wechseln hier grad ab mit gelb und blau."
Eine andere Strategie wurde so erklärt: „Also, ich hab hier die einfach farbig gemacht und dann die Köpfe getauscht." (siehe Abbildung unten, kleinere Einrahmung).
Eine weitere Strategie bestand darin, die Steine eines gebauten Tierchens zu verschieben, sodass sich ein neues ergibt. Derselbe Schüler erklärte das Vorgehen so: „Da hab ich einfach die zwei blauen Steine (des ersten Strummis auf dem Arbeitsblatt, siehe Abbildung unten, größere Einrahmung) bei dem (zweiten Strummi) hier (in die Mitte) hingemacht. Und hier (beim dritten Strummi) einfach da (zeigt auf die blauen Steine des dritten Strummis) und dann hab ich se hier hin (zeigt auf die blauen Steine des vierten Strummis), sodass es gleichmäßig ist, also so und so (Schüler macht eine Handbewegung, dass die blauen und gelben Steine zusammengeschoben werden)."

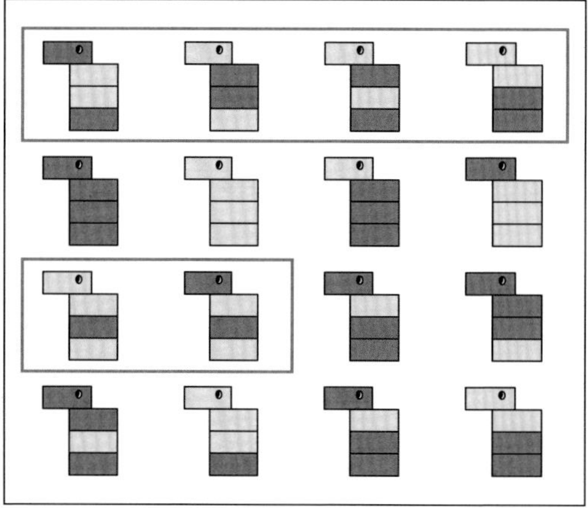

Auch in dieser Jahrgangsstufe fiel auf, dass zwar einige ihre Strategie erklärten, diese jedoch beim Aufmalen nicht berücksichtigten oder die Strummi-Tierchen durcheinander auf dem Arbeitsblatt notierten. Andere notierten ihre gefundenen Möglichkeiten sehr strukturiert:

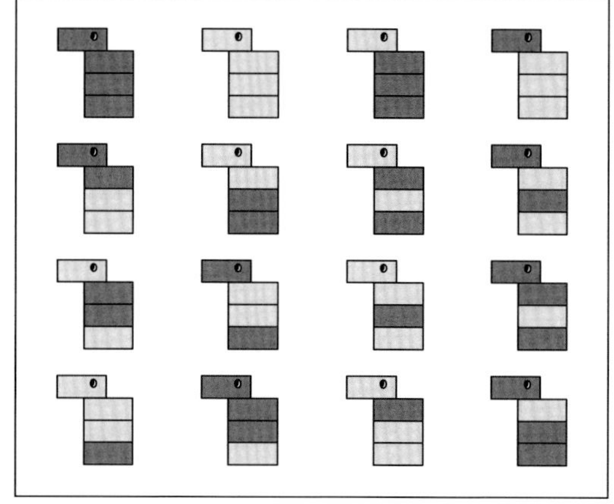

Strategien beim Sortieren der Möglichkeiten

Da die Schüler beim Finden der Möglichkeiten nur in Ansätzen systematisch vorgingen, hatte die Reflexionsphase zwei Ziele. Zum einen sollten Dopplungen gestrichen werden, zum anderen sollte die Frage geklärt werden, ob wirklich alle Strummi-Tierchen gefunden wurden.

Strategien in Klasse 1

In Klasse 1 wurde deutlich, dass es schwierig ist, die gefundenen Strummi-Tierchen mit den neu genannten zu vergleichen, weshalb nach einer Sortierungsmöglichkeit gefragt wurde. Dabei zeigten sich erste strategische Ansätze. Mit Unterstützung der Lehrerin wurden die Strummi-Tierchen noch entsprechend der Kopffarbe sortiert.

Strategien in Klasse 2

Auch in Klasse 2 nannten die Schüler teils doppelte Möglichkeiten, was den Mitschülern während des Sammelns in der Reflexion direkt auffiel. Sie erkannten auch, dass sie sämtliche Strummi-Tierchen gefunden hatten. Es fehlte aber noch eine systematische Sortierung, damit besser zu sehen war, welche bereits gefunden wurden, und auch die Vollständigkeit begründet werden konnte. Ein Mädchen hatte die Idee, immer das Entgegengesetzte nebeneinander zu hängen. Eine weitere Sortierungsmöglichkeit sah so aus: „Die Strummi-Tierchen mit blauem Kopf in eine Reihe und die mit gelbem Kopf, weil dann muss man nur noch nach dem Bauch und den Beinen schauen." Das Mädchen sortierte anschließend die Strummi-Tierchen nach Kopffarbe, berücksichtigte jedoch nicht die gegenteiligen Strummi-Tierchen. Wiederum mit Unterstützung der Lehrerin wurde die Aufmerksamkeit auf die Strummi-Tierchen mit gelbem Kopf gelenkt. Diese wurden nach der Anzahl der blauen Steine, von keinem blauen Stein über einen blauen Stein bis zu zwei blauen Steinen, sortiert:

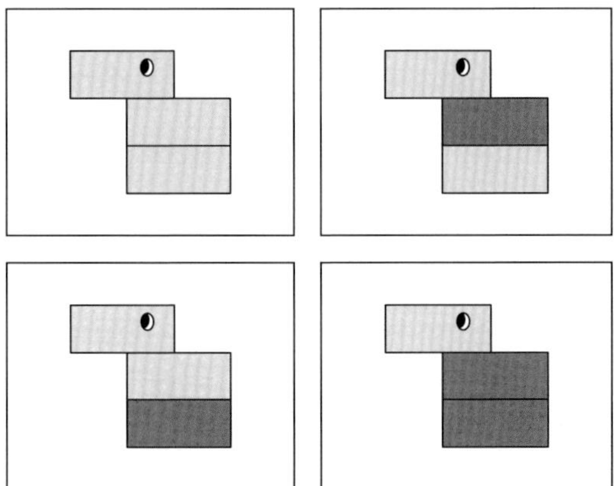

Betrachtung der Strummi-Tierchen mit hellgrauem Kopf

Die Schüler konnten das Vorgehen beschreiben und erkannten, dass dies eine Strategie ist, mit der man erkennt, alle Strummi-Tierchen gefunden zu haben.

Strategien in Klasse 3

Die Reflexion in der dritten Klasse verlief nach einem ähnlichen Schema wie die vorherigen Reflexionen. Zuerst wurden gemeinsam die Strummi-Tierchen gesammelt. Dabei begründeten die Schüler meist schon, wie sie auf dieses Strummi-Tierchen gekommen waren. Es dominierte die Strategie des gegenteiligen Bauens. Ein weiterer Vorschlag sah vor, nur Veränderungen an einem Stein vorzunehmen, um ein neues Strummi-Tierchen zu bauen. Nachdem alle gesammelt wurden und bereits Dopplungen aufgetreten waren, erklärte die Lehrerin, dass es aus Gründen der besseren Orientierung hilfreich wäre, die Strummi-Tierchen zu sortieren. Eine Schülerin schlug vor, nach der Farbe der Köpfe zu sortieren. Dabei fiel den Schülern auf, dass es acht blaue Köpfe gibt und acht gelbe. Als weitere Strategie wurde die Suche der Gegenteilpaare thematisiert.

Strategien in Klasse 4

Nachdem auch in Klasse 4 die verschiedenen Möglichkeiten noch unübersichtlich gesammelt und Dopplungen erkannt wurden, hatten die Schüler verschiedene Sortierungsvorschläge. An erster Stelle wurde wieder das Sortieren der Strummi-Tierchen nach Gegenteilpaaren genannt. Weiterhin wurde eine Ordnung von komplett blau auf der einen Seite bis komplett gelb auf der anderen Seite vorgeschlagen. Die beiden Vorschläge wurden schließlich so kombiniert, dass beim

Sortieren der Gegenteilpaare auf die Kopffarbe geachtet wurde, sodass auf der einen Seite die blauen und auf der anderen die gelben Köpfe waren.

Zusammenfassung der Ergebnisse

Im Rahmen der Untersuchung wurde gezeigt, dass Schüler aller Jahrgangsstufen kombinatorische Aufgaben, wenn auch auf unterschiedlichem Niveau hinsichtlich der Aufgabenstellung, lösen können. Die Aufgaben müssen immer dem Niveau der Lerngruppe angepasst sein. So können auch leistungsschwache Schüler durch solch einen Aufgabentyp begeistert und die Freude am Fach Mathematik geweckt werden.

Es zeigte sich, dass letztlich alle Jahrgangsstufen recht ähnlich an die Bearbeitung der kombinatorischen Fragstellungen herangingen. Während besonders **in Klasse 1** die meisten Schülergruppen noch recht unsystematisch probierten, nahm das systematische Probieren mit steigender Jahrgangsstufe zu. Viele Partnergruppen nutzten unabhängig vom Jahrgang die Strategie des Suchens gegenteiliger Pärchen.

Diese Beobachtung setzte sich in der Reflexion der durchgeführten Stunden fort. In Klasse 1 wurde von den Schülern lediglich das Sortieren nach Gegenteilpaaren selbstständig vorgeschlagen.

Ab Klassenstufe 2 lassen sich Darstellungsformen wie die Tabelle oder das Baumdiagramm einführen. Wurde das Sammeln der Möglichkeiten in Tabellen oder Diagrammen geübt, können die Schüler **in den Klassenstufen 3 und 4** solche Darstellungsformen selbst entwickeln. Darüber hinaus bietet es sich an, die Schüler eigene Darstellungsformen entwickeln zu lassen, da sich so Erkenntnisse bezüglich ihrer Darstellungskompetenz ergeben. Dabei sollte jedoch darauf geachtet werden, dass sich das verwendete Material gut zeichnen lässt. Dafür bieten sich Türme, Kleidungsstücke, aber auch die Strummi-Tierchen gut an. Im weiteren Verlauf können Schüler eigene kombinatorische Aufgaben entwickeln oder vorgegebene weiterentwickeln.

Die an der Studie beteiligten Schüler bearbeiteten die Aufgabe mit großer Motivation. Durch solche Aufgaben können Schüler für Mathematik begeistert werden. Die Schüler erfahren ein positives Gefühl, da alle in der Lage sind, die Aufgabe nach ihrem Können zu lösen. Gleichzeitig wird jedes Kind durch die offene Fragestellung entsprechend seiner Fähigkeiten gefördert und gefordert. Zusätzlich motivierend ist, dass die Leistungsunterschiede nicht so deutlich werden wie bei Rechenaufgaben, bei denen es nur ein richtiges oder falsches Ergebnis gibt und das Ergebnis als Maßstab für den Lernerfolg gilt.

Schlussfolgerungen für die Arbeit an der gesamten Schule

Die Schule profitierte vom Behandeln der Thematik Kombinatorik, da der Unterricht kompetenzorientiert gestaltet wurde. Zudem wurde dem Differenzierungsaspekt Rechnung getragen, da kombinatorische Aufgaben durch die verschiedenen Lösungswege in sich differenziert waren. Als Folge der Studie hatte das Thema Kombinatorik einen festen Stellenwert im Mathematikunterricht der gesamten Schule. Ein erster Schritt war die

Verankerung im Schulcurriculum. Dazu wurden für jede Jahrgangsstufe Grundkompetenzen und erweiterte Kompetenzen formuliert, die beim Lösen kombinatorischer Aufgaben angestrebt werden sollten.

	Grundkompetenz	**Erweiterte Kompetenz**
1	Die Schüler sollen möglichst viele Kombinationsmöglichkeiten finden (unsystematisch) und ihre Möglichkeiten notieren. Sie sollen erste Sortierungsmöglichkeiten kennenlernen.	Die Schüler sollen zunehmend systematisch viele/alle Kombinationsmöglichkeiten finden und eine eigene Darstellungsform der Möglichkeiten entwickeln. Sie sollen erste Sortierungsmöglichkeiten kennenlernen.
2	Die Schüler sollen zunehmend systematisch viele bzw. alle Kombinationsmöglichkeiten finden und eine eigene Darstellungsform der Möglichkeiten entwickeln.	Die Schüler sollen systematisch alle Kombinationsmöglichkeiten finden und sortiert in einer selbstgewählten Notationsform darstellen.
3	Die Schüler sollen systematisch alle Kombinationsmöglichkeiten finden und sortiert in einer selbstgewählten Notationsform darstellen.	Die Schüler sollen systematisch alle Kombinationsmöglichkeiten finden und auf Vollständigkeit prüfen, indem sie diese in ein Baumdiagramm bzw. eine Tabelle übertragen.
4	Die Schüler sollen systematisch alle Kombinationsmöglichkeiten finden und auf Vollständigkeit prüfen, indem sie diese in ein Baumdiagramm bzw. eine Tabelle übertragen.	Die Schüler sollen systematisch alle Kombinationsmöglichkeiten finden und auf Vollständigkeit prüfen, indem sie ein Baumdiagramm bzw. eine Tabelle zum Darstellen der Möglichkeiten entwickeln und die Möglichkeiten rechnerisch ermitteln.

Weiterhin wurden die mathematischen Kompetenzen, welche besonders gefördert wurden und Umsetzungsmöglichkeiten für den Unterricht dargestellt. Bei den Aufgabenbeispielen wurden bewusst teils dieselben kombinatorischen Aufgaben in mehreren Jahrgangsstufen angegeben. Nach Schipper, Ebeling und Dröge ist es sinnvoll, eine Aufgabe im Laufe der Grundschulzeit häufiger zu bearbeiten. Dies kann dadurch umgesetzt werden, dass die identische Aufgabe oder eine Variation der Aufgabe im Unterricht thematisiert wird. Diese wiederholte Bearbeitung derselben Aufgabe soll zu einer Systematisierung und damit zur Weiterentwicklung der Problemlösefähigkeit beitragen (vgl. Schipper/Ebeling/Dröge 2015, S. 264).

Für die praktische Umsetzung wurden Materialkisten getrennt nach Klasse 1 und 2 bzw. 3 und 4 angelegt, die dem gesamten Kollegium zur Verfügung standen.

Materialien für Strummi-Tierchen

Klasse 1 und 2: Material dreiteilige Strummi-Tierchen:

- Bausteine (60 gelbe, 60 blaue)
- Übersicht zum Aufbau eines Strummi-Tierchens (vgl. Krämer 2011, S. 30):

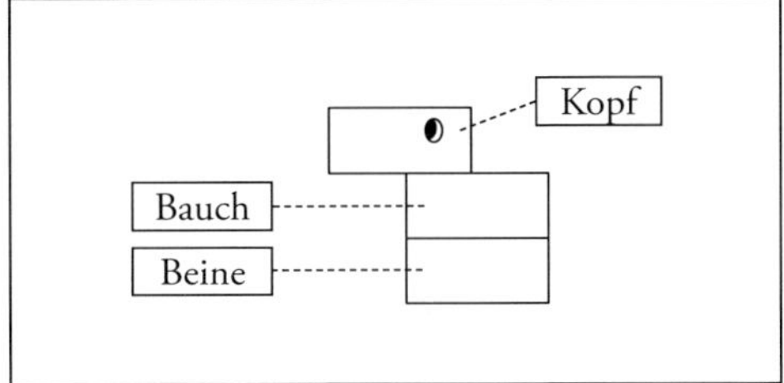

- Arbeitsblatt für die Partnerarbeit (auch ohne Darstellungsvorgabe möglich, vgl. KRÄMER 2011, S. 32):

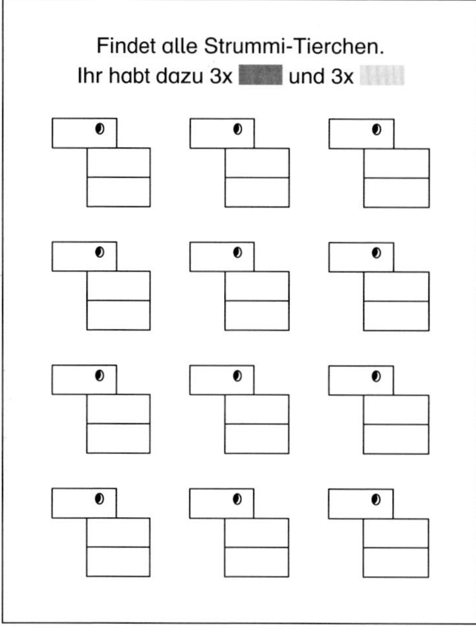

- Vorlage zum Sammeln der Strummi-Tierchen an der Tafel (vgl. KRÄMER 2011, S. 32):

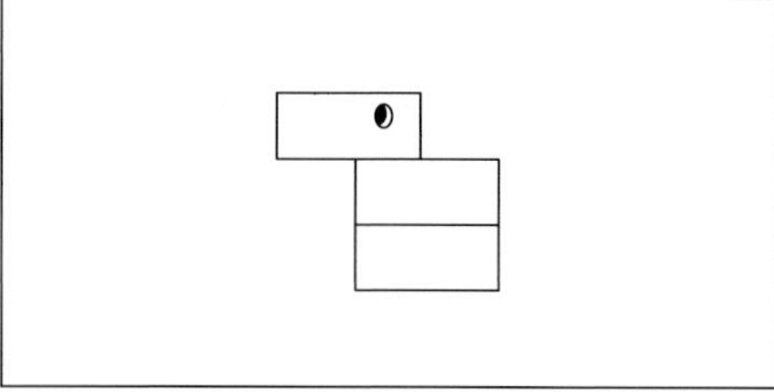

Die gesammelten vollständigen Möglichkeiten können anschließend sortiert werden, um den Kindern erste Sortierungs- und Vorgehensmöglichkeiten vorzustellen (Sortierungsmöglichkeiten sind die Sortierung nach Kopffarbe oder nach Gegenteilpärchen).

Klasse 3 und 4: Material vierteilige Strummi-Tierchen:

- Bausteine (60 gelbe, 60 blaue)
- Übersicht zum Aufbau eines Strummi-Tierchens (vgl. KRÄMER 2011, S. 30):

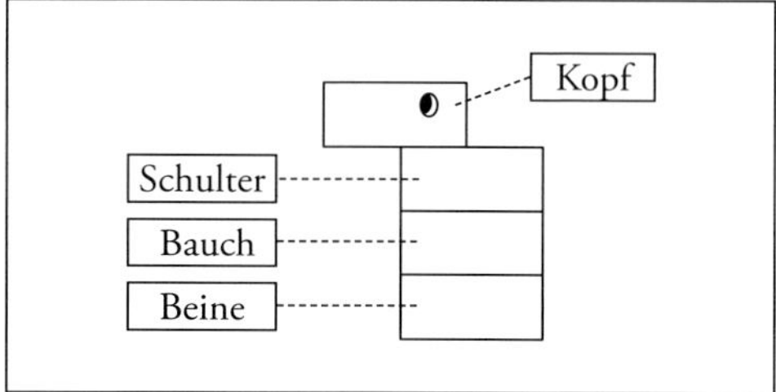

- Arbeitsblatt für die Partnerarbeit (auch ohne Darstellungsvorgabe möglich, vgl. KRÄMER 2011, S. 32):

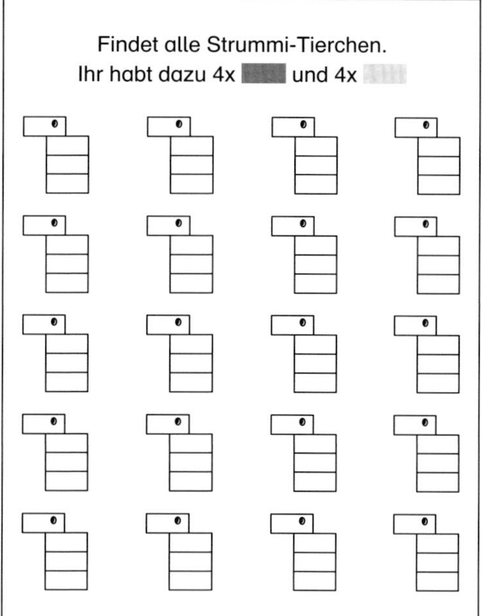

- Vorlage zum Sammeln der Strummi-Tierchen an der Tafel (vgl. Krämer 2011, S. 32):

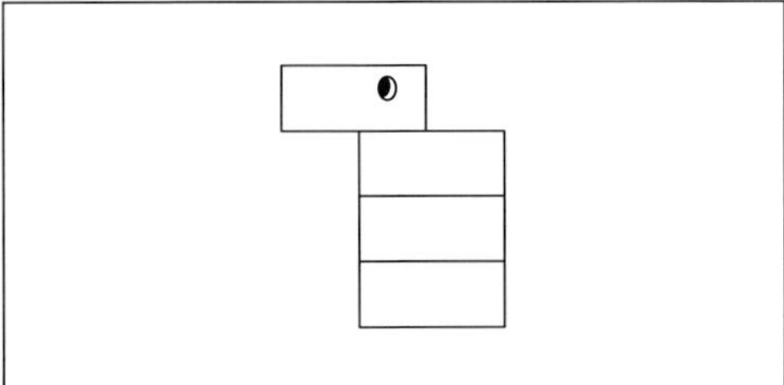

Die Strummi-Tierchen sollten anschließend gemeinsam sortiert werden (beispielsweise nach Kopffarbe oder Gegenteilpärchen).

Ebenso könnte der Entscheidungsbaum zum Überprüfen aller Möglichkeiten eingeführt werden (vgl. Krämer 2011, S. 32):

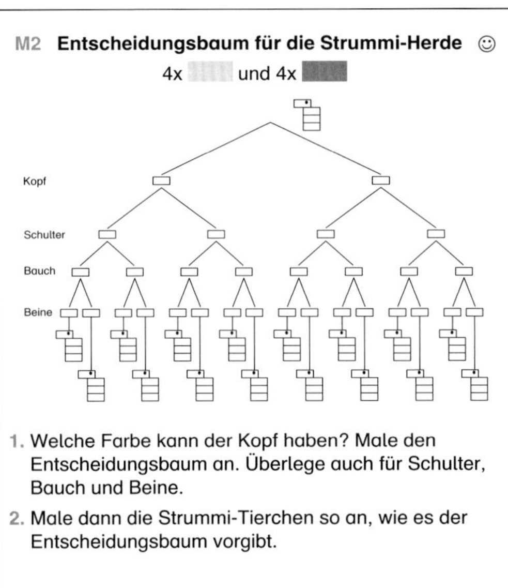

Zur Vertiefung dieses Schemas bietet sich ein Fragespiel an, bei dem sich die Lehrkraft oder ein Schüler ein Strummi-Tierchen ausdenkt und die anderen durch Erfragen herausfinden müssen, um welches Tier es sich handelt. Der Aufgabensteller darf nur mit „ja“ und „nein“ antworten (vgl. Krämer 2011, S. 31).

Neben den Materialien für die Strummi-Tierchen stehen auch Materialien zum Bauen von Türmen, Ankleiden aus mehreren Kleidungsstücken und dem Anfertigen von Fantasietieren (vgl. Baumann/Koch 2011) zur Verfügung.

Literatur

Baumann, C./Koch, K. (2011): Aus Elefant, Giraffe und Pinguin werden Gigufanten und Egufen. Erstklässler lösen kombinatorische Aufgabenstellungen. In: Grundschulunterricht Mathematik, Heft 4, S. 18–21.

Krämer, M. (2011): Kombinatorik mit Strummi-Tierchen. Vom unsystematischen Probieren zum Entscheidungsbaum. In: Grundschulunterricht Mathematik, Heft 4, S. 29–32.

Müller, G./Wittmann E. Ch. (1984): Der Mathematikunterricht in der Primarstufe. Braunschweig: Vieweg.

Neubert, B. (2003): Gute Aufgaben zur Kombinatorik in der Grundschule. In: Ruwisch, Silke; Peter-Koop, Andrea (Hrsg.): Gute Aufgaben im Mathematikunterricht der Grundschule. Offenburg: Mildenberger, S. 89–101.

Schipper, W./Ebeling, A./Dröge, R. (2015): Handbuch für den Mathematikunterricht. 2. Schuljahr. Braunschweig: Schroedel.

Seiler, T. (2015): Lernumgebungen zur Kombinatorik. In: Plackner, Eva-Maria/Postupa, Jennifer (Hrsg.): Daten und Zufall in der Grundschule. Hildesheim: Franzbecker, S. 169–198.

Werner, M. (2011): Die Turmaufgabe. Wie gehen Kinder unterschiedlicher Jahrgangsstufen mit derselben kombinatorischen Aufgabenstellung um? In: Grundschulunterricht Mathematik, Heft 4, S. 15–17.